Christine Fehér • Vincent, 17, Vater

cbt

DIE AUTORIN

Christine Fehér wurde 1965 in Berlin geboren. Neben ihrer Arbeit als Lehrerin an verschiedenen Schulen schreibt sie seit einigen Jahren erfolgreich Kinder- und Jugendbücher und hat sich mit Büchern wie »Dann bin ich eben weg. Geschichte einer Magersucht« einen Namen als Autorin authentischer Themenbücher gemacht. Sie lebt heute mit ihrer Familie am nördlichen Stadtrand von Berlin.

Weitere lieferbare Titel von Christine Fehér:

Dann bin ich eben weg. Geschichte einer Magersucht (30170)
Straßenblues (30401)
Elfte Woche (30390)
Mehr als ein Superstar (30552)
Jeder Schritt von dir. Geschichte einer Stalkerin (30416)

Christine Fehér

Vincent, 17, Vater

cbt

cbt

cbt ist der Jugendbuchverlag in der
Verlagsgruppe Random House

FSC
Mix
Produktgruppe aus vorbildlich bewirtschafteten Wäldern und anderen kontrollierten Herkünften

Zert.-Nr. SGS-COC-001940
www.fsc.org
© 1996 Forest Stewardship Council

Verlagsgruppe Random House FSC-DEU-0100
Das FSC-zertifizierte Papier *München Super Extra* für dieses Buch liefert Arctic Paper Mochenwangen GmbH.

1. Auflage
Erstmals als cbt Taschenbuch Mai 2010
Gesetzt nach den Regeln der Rechtschreibreform

Rechtliche Beratung: Rechtsanwalt Lars Ihlenfeld/Kanzlei Blum-Heinrichs, Berlin, www.blum-heinrichs.de
Umschlagbild: iStockphoto/Lise Gagne
Umschlaggestaltung: init.büro für gestaltung, Bielefeld
MI · Herstellung: AnG
Satz: Uhl + Massopust, Aalen
Druck und Bindung: GGP Media GmbH, Pößneck
ISBN: 978-3-570-30658-1
Printed in Germany

www.cbt-jugendbuch.de

EINS

Vincent kommt vom Sprayen nach Hause und geht gleich in sein Zimmer, streift noch im Stehen die Schuhe von den Füßen, ausgelatschte knöchelhohe Sneakers, die er nie zubindet, vorn am rechten großen Zeh löst sich die Naht. Er geht ans Fenster und öffnet es auf Kippstellung, aber heute drückt ein nasser Frühjahrssturm dagegen. Die Luft ist mild und zum ersten Mal im neuen Jahr ist noch ein silberblauer Streifen am Horizont zu sehen, jetzt am frühen Abend um kurz nach sechs. Als seine Freundin Carolin vor sechs Wochen ihren Schwangerschaftsabbruch hatte, war es um diese Uhrzeit dunkle Nacht. Er schließt das Fenster wieder und lässt die Jalousie herunterrattern, anders hält er es nicht aus. Es ist so eine Luft, bei der man eigentlich nicht im Zimmer sein will und schon gar nicht in so einem engen.

Jetzt hat er wieder daran gedacht, nur wegen der noch kaum zu ahnenden Frühlingsluft und einer lächerlichen Dämmerung, die nicht das Geringste damit zu tun hat. Aber seit jenem Tag scheint er alles damit zu verbinden, es ist, als gäbe es eine Zeit vor und eine nach dem letzten Mal, als er an Carolins Seite dieses Foto gesehen hat. Es verfolgt ihn noch immer, obwohl kaum etwas darauf zu sehen war, nur ein millimetergroßer heller Wurm wie im schwarzen Weltall. Das Ultraschallbild des kleinen Embryos, mit dem Carolin schwanger gewesen war, bis sie sich in der elften Woche entschlossen hatte, das Kind nicht zu bekommen. Wieder sieht Vincent es vor sich, wie das Bild davonflattert, sie hatten es an einem klaren Nachmittag an einen Gasluftballon geknotet und vom Wind forttragen lassen, bis es als winziger Punkt am Horizont verschwunden war. Seitdem ist zwischen Vincent und Carolin nichts mehr wie vorher.

Unschlüssig blickt er sich im Zimmer um, weiß nicht, was er tun soll. Carolin anrufen oder nicht, Hausaufgaben machen, doch noch mal rausgehen, ins Internet… ihm erscheint alles öde, sinnlos, nichts davon kann das Bild in seinem Kopf vertreiben. Der kleine Fleck ist immer da, hat sich in ihm festgesetzt wie ein Albtraum, der immer wiederkehrt und wegen dem man sich abends kaum noch traut, schlafen zu gehen, weil man ihn so fürchtet. Es wäre auch sein Kind gewesen, Vincents Baby. Wirklich gewollt hat er es nicht, den Abbruch aber auch nicht, alles erscheint ihm verworren und schief.

Er lässt sich auf sein Bett fallen. Die Decke ist noch vom Morgen zerwühlt, er streckt seinen Körper aus, kürzer dürfte das Bett nicht sein, in den letzten zwei Jahren ist Vincent schnell gewachsen. An der Decke über ihm hängen Staubfäden herab, sie nerven ihn, ebenso das benutzte Geschirr auf seinem Schreibtisch und im Bücherregal, zwei Teller mit Pizzaresten, eine Müslischale, in der sich eine kleine Schar Fliegen gesammelt hat, jetzt schon, im Februar, wo es eigentlich noch kaum Insekten gibt. Das Poster von Bart Simpson über dem Bett ist schon leicht verblasst, es ödet ihn an, aber losgehen und sich ein anderes kaufen hat er noch nicht gepackt. Das Deckenlicht blendet ihn.

Vincent weiß, dass er etwas tun müsste, neu anfangen, vergessen. So wie Carolin, die alles viel besser zu verarbeiten scheint als er. Carolin, die schon vor ihrer Schwangerschaft eine begeisterte und talentierte Fußballspielerin war und sich auch danach gleich wieder in ihren Sport gestürzt hat, sobald es ihr körperlich wieder gut ging. Und sie hat gekämpft, weil die elf Wochen bis zum Abbruch Carolin verändert haben, vieles in ihr auslösten, was sie sich bis dahin noch nicht klargemacht hatte. So hat sie selbst ihrem Vater die Stirn geboten, der Carolins Fußballtrainer gewesen war, seit sie denken kann. Als sie schwanger wurde, war er ausgeflippt, fühlte sich hintergangen, und seine großen Pläne mit der Tochter stürzten ein wie eine morsche Bretterwand. Als es vorbei war, hoffte er, nun würde alles wieder wie früher werden, doch Carolin eröffnete ihrem Vater, sie wolle ab sofort in einem anderen Verein spielen. Und in den hängt sie sich seit ein paar Wochen richtig rein. Mit Vincent hat sie sich seitdem vielleicht viermal getroffen. Schluss machen will keiner von beiden. Carolin hat gerade Training, bis um halb acht. Vincent denkt, dass er sein Zimmer aufräumen könnte, entrümpeln, putzen, eine neue Zeit beginnen. Tanja, seine Mutter, liegt ihm schon seit Wochen damit in den Ohren, sogar schon bevor er Carolin kennengelernt hat, wollte sie, dass er das tut. Wenn er es gemacht hätte, wäre vielleicht alles ganz anders gekommen. Der Tag, an dem Carolin schwanger geworden ist, wäre anders verlaufen. Wenn Vincent entrümpelt hätte, wäre das Foto seiner Exfreundin Nina nicht mehr da gewesen, hätte nicht mehr an seiner Pinnwand gehangen, seine Beziehung zu Carolin war noch zu frisch, zu empfindlich gewesen, um das zu überstehen. Sie entdeckte es und zweifelte sofort an seinen Gefühlen. Und dann war es passiert. Sie schliefen miteinander; Vincent mit Carolin, weil er ihr zeigen wollte, dass Nina keine Bedeutung mehr für ihn hatte; sie mit ihm, um ihn nicht zu verlieren. Ungeplant, unüberlegt, ohne Verhütung, sie waren noch nicht mal richtig vertraut gewesen. So konnten sie noch nicht zusammen Eltern werden. Auf keinen Fall. Vincent versucht, sich ein wenig leichter zu fühlen mit diesem Gedanken, rappelt sich vom Bett wieder hoch und faltet einen Pullover zusammen, der seit drei Tagen über dem Schreibtischstuhl hängt, legt ihn in den Schrank zurück. Es klopft an der Tür. Seine Mutter öffnet sie ein Stück und schiebt ihren Kopf hindurch. Hinter ihrem Rücken versteckt sie eine Zigarette, bläulicher Rauch steigt hinter ihren dunklen, krisseligen Haaren auf und verflüchtigt sich. Vincent will nicht, dass in seinem Zimmer gequalmt wird.

»Du hast hohen Besuch«, verkündet sie knapp. »Carolin lässt sich herab, dich zu sehen.« Dabei deutet sie auf seine schulterlangen blonden Haare, fragt stumm, ob er sich nicht mal hätte kämmen können. Vincent streicht sie mit der Hand zurück, eine Strähne fällt ihm gleich wieder ins Gesicht. Beim Friseur war er auch schon ewig nicht mehr.

Er zieht eine Grimasse und schickt Tanja mit einer genervten Handbewegung weg. Sie nimmt es Carolin übel, dass sie sich seit dem Schwangerschaftsabbruch so rarmacht. Klar, er leidet unter Carolins Rückzug, aber Tanja muss es nicht extra betonen, wenn Carolin mal aufkreuzt. Dadurch wird es nicht besser. Tanja rollt mit den Augen und hebt die Schultern, dann gibt sie die Tür frei.

Sobald Carolin drinnen ist, schließt Vincent die Tür ganz fest, dann dreht er sich zu Carolin um, die mitten im Raum steht, das braune, wellige Haar noch etwas durcheinander nach dem Sport, die Wangen rot von der Luft draußen, die rote Fleecejacke offen. Er schiebt seine Hände darunter und drückt sie an sich, ein wenig scheu.

»Hi«, sagt er leise und schnuppert an ihrem Scheitel. »Wie war das Training?«

Carolin drückt ihm einen Kuss aufs Kinn, sie ist ein ganzes Stück kleiner als er, doch an ihren Augen sieht Vincent, dass sie noch nicht ganz bei ihm angekommen ist, ihr Blick wandert im Zimmer umher, wach und eilig.

»Super war's«, antwortet sie schließlich und keucht dabei noch etwas, als wäre sie die Treppen hinaufgerannt. »In meiner neuen Mannschaft herrscht ein ganz anderer Teamgeist als in der alten, das merke ich jetzt erst so richtig. Ich fühle mich total wohl.«

»In deinem alten Verein hast du dich auch wohlgefühlt«, erinnert Vincent sie. »Lass das bloß nicht Dajana hören, was du eben gesagt hast.«

»Ich weiß.« Carolin nimmt seine Hand. »Am liebsten würde ich sie in den neuen Klub mitnehmen. Klar war es in unserem Team auch toll, aber irgendwie stand doch immer mein Vater zwischen mir und den anderen Spielerinnen. Stell dir vor, in den Osterferien fahren wir für eine ganze Woche ins Trainingslager! Dann lerne ich die anderen noch besser kennen. Wir haben so viel vor – unsere Trainerin traut uns zu, dass wir es in der kommenden Saison bis an die Tabellenspitze schaffen können. Ist das nicht klasse?«

»Auf welchem Platz seid ihr jetzt?«

»Ich dachte, das wüsstest du.« Carolin lässt seine Fingerspitzen los, die sie eben noch sanft gestreichelt hat. »Vierte, und das seit ewigen Zeiten schon. Papas Mannschaft wollen wir unbedingt hinter uns lassen, und dann …« Sie blickt sich erneut im Zimmer um, tritt einen Schritt von ihm weg. »Hier riecht's ein bisschen muffig, findest du nicht? Ich mach mal das Fenster auf.« Sie geht und öffnet es ganz, doch Vincent beginnt zu frösteln und schließt es wieder, um es dann als Kompromiss auf Kippstellung zu öffnen. Carolin hat sich mehr als er anregen lassen von der Luft, die schon ein bisschen nach Frühling riecht.

»Ich dachte, in den Osterferien machen wir was zusammen«, sagt er.

»Es sind doch *zwei* Wochen«, erinnert sie ihn. »Und nur eine davon bin ich weg. Danach können wir öfter was unternehmen, klar. Ich hab überlegt, ob ich vielleicht auch noch mit Badminton anfange.«

»Badminton?«

»Ich glaube, das wäre ein toller Ausgleich zum Fußball. Da wird eine ganz andere Beinarbeit trainiert. Einfach mal was ganz anderes zu machen, tut mir bestimmt gut. Hättest du nicht vielleicht auch Lust?«

»Wenn du einen Fotokurs machen würdest oder E-Gitarre lernen, wäre das was ganz anderes. Sport ist Sport. Ich hab darauf keinen Bock.«

Carolin scheint keine andere Antwort von ihm erwartet zu haben, sie hat eine weitere Spinnwebe an der Wand entdeckt, auch seine Stereoanlage ist total eingestaubt. »Hier könnten wir auch mal Hand anlegen«, fährt sie fort und wedelt mit ihrem Arm in der Ecke herum, wo die längste Spinnwebe gehangen hat. Jetzt klebt der lange graue Faden an ihrem Pullover, sie geht erneut ans Fenster und reißt es auf, um ihn abzuschütteln. Hinterher lässt sie es wieder offen. »Dass du dich hier drin wohlfühlst ...« Sie schüttelt den Kopf.

Vincent setzt sich aufs Bett. »Hab ich auch schon gedacht«, gesteht er und muss sich räuspern. »Aber irgendwie ... bin ich noch nicht so weit, vielleicht grüble ich auch zu viel. Alles mit Hektik wegzudrängen, so wie du, das liegt mir überhaupt nicht.«

Carolin antwortet nicht sofort, er sieht an ihren geweiteten Augen, dass er sie erschreckt hat. Das mit der Hektik hätte er nicht sagen sollen. Schon tut es ihm leid, sie hat viel mehr durchgemacht als er. Zu all den Gedanken an das Baby, das nun nie zur Welt kommen wird, hat Carolin alles auch körperlich gespürt. Dass Vincent ihr den Schmerz damals nicht abnehmen konnte, macht es nicht besser. Aber er hätte sie nicht noch daran erinnern sollen, wenn sie offensichtlich daran arbeitet, alles hinter sich zu lassen. Schnell stellt sie ihren Blick wieder auf normal, dann wird er wärmer, sie beißt sich auf die Unterlippe und schiebt ihren Arm unter seinen, während sie sich neben ihn setzt. Ihre Jacke hat sie immer noch an.

»Ich weiß«, gibt sie zu. »Aber ich will das alles vergessen, Vincent, sonst werde ich verrückt. Versuch das doch auch! Es hat keinen Sinn, nur an der Vergangenheit zu kleben.«

Vincent schweigt.

»Schon dieses Zimmer«, meint Carolin und deutet mit ausgestreckter Hand durch den ganzen Raum. »Seit damals hast du überhaupt nichts verändert, kein Wunder, dass du nicht richtig nach vorne blicken kannst. Mach doch wenigstens mal sauber, häng andere Poster auf. Das bringt doch vielleicht schon was.«

Vincent zuckt mit den Schultern. Carolin hat ihr Zimmer vor drei Wochen renoviert, ein bisschen hat er geholfen, aber das meiste hat sie mit ihrem Vater gemacht, und der hat Vincent immer spüren lassen, dass er ihn nicht dabeihaben wollte. Hat ihn angeschwiegen, auf Fragen nur knapp geantwortet, ihn bestenfalls kritisiert – so lange, bis Vincent schließlich nicht mehr gekommen ist. Für Carolins Vater ist Vincent schuld daran, dass sein Verhältnis zur Tochter nicht mehr das ist, was es einmal war. Er war immer dagegen gewesen, dass sie überhaupt einen Freund hat.

Carolins Zimmer hat er noch gar nicht gesehen, seit es fertig ist. Sie treffen sich immer woanders, draußen, aber jedes Mal sieht er ihre Augen umherwandern so wie jetzt, ruhelos, aber nicht so lebendig wie sie vielleicht glaubt, nie bleiben sie irgendwo hängen, um etwas zu betrachten oder sich auf die Schönheit eines Moments einzulassen, nicht einmal an seinen Augen. Auch in ihr ist etwas gestorben, es kann gar nicht anders sein, als dass sie es auch spürt, mehr noch als er. Vielleicht will Carolin nur nicht zugeben, dass es sie quält und dass sie seine Hilfe braucht. Gerade jetzt müssen sie zusammenhalten. Vielleicht muss ich mehr auf sie eingehen, denkt er und verschränkt seine Finger in ihren.

»Wenn du mitmachst – klar«, sagt er. »Dann entrümpeln wir hier und streichen alles, machen eine richtig coole Bude daraus. Wenn du dich hier bei mir wohlfühlst, brauchst du auch kein Badminton mehr.«

»Das hat damit nichts zu tun«, widerspricht Carolin. »Dajana hat sich auch schon angemeldet, vielleicht macht sogar Bianca noch mit.«

»Aber so kommst du nie zur Ruhe«, sagt er. »Sieh dich doch mal an, Carolin. Du hast abgenommen, jagst von einem Termin zum nächsten, wir beide sehen uns kaum noch. Ich habe gedacht, wir verarbeiten das zusammen, den Schwangerschaftsabbruch und alles. So schlimm es auch war, dass uns das passiert ist – ich fühl mich dir seitdem näher als vorher. Und eigentlich dachte ich, dass es dir genauso geht.«

»Tut es doch auch, Vincent.« Jetzt sieht sie ihn endlich richtig an, trifft ihn in seinem Innersten mit ihren braunen Augen. »Aber als ich mich damals entschlossen habe, doch noch nicht Mutter zu werden, geschah das nicht aus einer Laune heraus. Ich habe gemerkt, dass ich noch viel, viel mehr vom Leben will, als mich jetzt schon um ein Kind zu kümmern, tagein, tagaus. Niemand hätte mich wirklich dabei unterstützt, auch du nicht. Ich bin noch nicht mal sechzehn, ich will Sport treiben und im Fußball noch viel, viel besser werden, mit meinen Freundinnen etwas auf die Beine stellen, auch mal ausgehen. Und nicht zuletzt meinen Schulabschluss stemmen.«

»Das können wir doch alles auch zusammen.«

»Dann komm auf die Füße!« Sie steht auf, hebt eine zerknüllte Bäckertüte vom Boden hoch, die er schon vor Wochen dort liegen gelassen hat und wirft sie ihm an den Kopf. »Vom Rumhängen wird es nicht besser. Wir haben Abschied von dem Kleinen genommen und müssen nach vorne schauen. Auch wenn es schwerfällt.«

»Fällt es dir schwer? Manchmal bezweifle ich das.«

Carolin überlegt einen Moment. »Jede Woche, jeder Tag, sogar jede Minute, in der ich mein Leben weiterlebe, bringt mich ein Stück weiter weg von dieser Erfahrung. Vergessen kann ich unser Kind bestimmt nie. Aber ich habe mich so entschieden, und zurück geht es nicht mehr. Und deshalb will ich alles dafür tun, dass es irgendwann nicht mehr wehtut. Alles.«

Vincent nickt. »Versteh ich ja«, lenkt er ein. »Du hast recht. Dann will ich das auch versuchen. Obwohl ich bisher keinen Schimmer habe, wie ich das anstellen soll.«
Ein paar Minuten lang sitzen sie aneinandergelehnt, ohne zu reden. Wie damals, als wir uns kennengelernt haben, fährt es ihm durch den Kopf, auf einer Party, auch damals hatte keiner von ihnen besonders gute Laune. Aber dann war diese Nähe zwischen ihm und Carolin entstanden, sie waren zusammengekommen und hatten bald darauf zum ersten Mal… Vincent streckt seine Hand aus und versucht, Carolins Jacke zu öffnen.
»Ist doch warm hier drin«, raunt er dicht an ihrem Ohr und lächelt zaghaft.
»Zu warm«, stimmt sie zu. Aber dann löst sie ihren Arm aus seinem, hebt ihren Kopf. »Ich weiß, was du willst, Vincent. Aber so weit bin ich noch nicht. Außerdem wollte ich mit dir noch raus. Hast du nicht die Luft draußen gerochen? Wenn es erst wieder heller und wärmer wird, ist alles vielleicht nicht mehr so schlimm.«
Aber jetzt spürt Vincent, dass er mehr will, er will seine Freundin spüren. »Es ist so lange her«, sagt er und beginnt an ihrem Ohrläppchen zu knabbern. »Seit dem Abbruch eiern wir nur umeinander herum. Endlich wieder zu leben, heißt doch auch, dass wir wieder Sex haben. Meinst du nicht?«
»Es ist dabei passiert«, wendet sie ein. »Ich fürchte, die Angst kommt gleich wieder hoch, wenn wir miteinander schlafen.«
»Ich bin ganz vorsichtig«, murmelt er und küsst Carolins Hals. »Und die Verhütung haben wir doch geregelt.«
Aber Carolin windet sich aus seiner Umarmung.
»Verdammt, Vincent! Kannst du nur an das eine denken?«
Sie springt auf und zieht den Reißverschluss ihrer Jacke wieder zu. »So läuft das nicht mit uns. Du hast nicht das Geringste kapiert!«

Ohne eine Antwort von ihm abzuwarten, stürmt sie aus dem Zimmer.

Vom Flur her hört Vincent die Stimme seiner älteren Schwester Mara, mit der sich Carolin sehr gut versteht. Er hat gar nicht gewusst, dass Mara zu Hause ist; meistens geht sie nach der Uni noch mit Kommilitonen weg oder trifft sich mit ihrem Freund Hendrik. Carolin zischt irgendetwas, Maras Stimme klingt beschwichtigend. Doch gleich darauf klappt die Wohnungstür zu, dann hört er Schritte. Mara schiebt sich vorsichtig herein.

»Sie kommt wieder«, meint sie und streicht Vincent über die Schulter. »Mach dir keine Sorgen, Vincent. Das ist eben alles immer noch total schwer für euch beide.«

Vincent, der sich auf dem Bett zurückgelehnt hat und jetzt mehr liegt als sitzt, schubst die zerknüllte Bäckertüte zurück auf den Teppichboden. Er sieht Mara nicht an, merkt, dass er Durst hat, ein Bier wäre jetzt gut oder eine ganz kalte Cola. Aber er hat keine Lust, deswegen extra in die Küche zu gehen.

»Das renkt sich schon wieder ein«, versucht es Mara noch einmal. Sie steht in der Tür und schwenkt sie hin und her, als schwanke sie zwischen Gehen und Bleiben. Vincent fährt sich durchs Haar.

»Kann sein«, sagt er. Aber sein Gesicht bleibt unbewegt und seine hellblauen Augen starren die ganze Zeit nur auf die rote Stand-by-Leuchte seines Fernsehers.

ZWEI

Kaum ist Carolin weg, kommt seine Mutter ins Zimmer. Eigentlich will Vincent niemanden sehen, er hat das Deckenlicht gelöscht, den Fernseher und die Spielkonsole eingeschaltet und fährt auf dem Bildschirm einen virtuellen Ferrari um den Nürburgring, wieder und wieder, nimmt rasante Kurven, kracht gegen die Absperrung, dann alles noch mal von vorn. Sein Fernseher ist von Staub überzogen wie alles im Zimmer, doch wenn er läuft, sieht man es nicht so. Mit drei Schritten ist seine Mutter neben ihm und schaltet das Gerät aus.

»Abendbrot ist gleich fertig«, sagt sie. »Du kannst schon mal den Tisch decken, und hinterher kommst du noch mit runter in den Laden, die leeren Bierkästen nach oben bringen. Morgen kommt neue Ware, nach zehn Stunden kann ich nicht immer alles alleine machen. Du könntest auch selber mal auf die Idee kommen, mir zu helfen.«

Vincent stützt sich auf seine Ellbogen. »Carolin war hier«, erwidert er. »Hast du doch selber gesehen. Hast du Pizza gemacht?«

»Mach dir deine Pizza alleine. Belegte Brote gibt es. Nach dem langen Tag stell ich mich nicht auch noch hin und koche, ihr beide seid auch alt genug dafür.«

»Ich mach ihm seine Pizza«, sagt Mara schnell. Sie ist doch im Zimmer geblieben, um Vincent zu trösten. »Wir können doch alle zusammen eine essen, und du legst mal die Füße hoch, solange ich in der Küche bin.«

»Du kannst ihm ja auch noch den Hintern wischen«, gibt Tanja zurück und schüttelt den Kopf.

»Vincent geht's nicht so gut, das sieht man doch.«

»Aber mit Madame Carolin gibt er sich trotzdem immer wieder

ab.« Tanja dreht sich schon halb um und geht zur Tür. »Sieht man doch, was dabei rauskommt, nämlich gar nichts.«
»Sag nicht immer Madame Carolin.« Jetzt richtet sich Vincent ganz auf. »Sie ist immer noch meine Freundin.«
»Davon hat man in letzter Zeit nicht viel gemerkt.«
»Das ist allein unsere Sache. Nach allem, was passiert ist, brauchen wir vielleicht ein bisschen Abstand.«
»Besser ist es. Von mir aus braucht sie gar nicht mehr herzukommen.«
»Macht sie aber.«
»Und was hast du davon?«
»Was hast du gegen sie?«
»Na hör mal, ein Mädel, das dich erst verrückt macht, von wegen sie kriegt ein Baby und alles, und dann auf einmal doch nicht, April, April, das reicht eigentlich schon. Aber dass sie sich hinterher in Luft auflöst, ist ja wohl der Gipfel. Will sie sich jetzt selbst verwirklichen, oder was?« Sie greift in die Tasche ihres Hauskittels und fischt eine Zigarette heraus. Vincent findet sie peinlich in dem Kittel, er macht sie älter. Mara wirft ihr einen Blick zu und geht in die Küche. Vincent hört sie am Ofen hantieren, das Backblech scheppert ein wenig, als sie es herauszieht, um die Tiefkühlpizzen draufzulegen. Eigentlich hat er keinen Hunger.
Vincent steht auf. »Wenn du willst, dass ich dir mit den Bierkästen helfe, hör jetzt lieber auf zu sülzen«, sagt er. »Du hast damals die ganze Zeit gegen das Baby geredet, statt uns zu helfen. Sonst wäre sie jetzt bestimmt hier.«
Er schiebt sich an seiner Mutter vorbei und verschwindet im Bad. Pinkelt, wäscht sich die Hände, beugt sich zum Spiegel vor und untersucht sein Gesicht nach Pickeln, ein paar neue haben sich auf der Stirn gebildet und einer am Kinn, wo in letzter Zeit auch mehr Barthaare wachsen, blond wie auf dem Kopf, manche

sind ziemlich lang, vielleicht müsste er sich rasieren. Vielleicht findet ihn Carolin nicht mehr so toll.
Als er wieder in den Flur tritt, kommt ihm Mara entgegen.
»Ich hab im Wohnzimmer gedeckt«, flüstert sie, »vor dem Fernseher. Das ist das Beste für alle, glaube ich, sonst brennt hier irgendwann die Luft. Ich kann dich total verstehen, das ist schon alles ein ziemlicher Mist.«
Vincent bedankt sich, aber besser geht es ihm nicht. Er merkt, dass es so nicht weitergehen kann, mit Carolin, die ihm ausweicht, und Tanja, die kein gutes Haar an ihr lässt, obwohl sie genau weiß, dass er sich nicht von ihr trennen will, und mit Mara, die, schon seit er auf der Welt ist, immer versucht, ihm alle Schwierigkeiten aus dem Weg zu räumen. Mit seinem Zimmer, in dem er sich zu nichts aufraffen kann, und auch mit dem Sprayen zusammen mit seinem besten Freund Marcel, der trotzdem noch tausend andere Sachen macht. Vincent spürt, dass er auch etwas Neues braucht. Etwas ganz anderes, aber nicht so wie Carolin es macht. Nicht so krampfhaft. Aber raus aus diesem Sumpf, das muss er schon. Wenn er nur wüsste, wie.
Aus der Küche beginnt es nach Salami und geschmolzenem Käse zu duften. Vincent geht ins Wohnzimmer und nimmt die Programmzeitschrift vom Couchtisch. Was er sehen will, weiß er selbst nicht so genau, er ist nicht richtig hier, aber auch nirgendwo anders. Mara soll was aussuchen oder auch Tanja, die am liebsten Serien sieht, die dauern nicht so lange. Meistens steht sie mittendrin mehrmals auf, um irgendetwas zu holen, oder sie telefoniert dabei. Trotzdem braucht Vincent nicht zu glauben, dass sie die Bierkästen vergisst.
In der Wohnungstür dreht sich ein Schlüssel. Olaf, sein Vater, kommt nach Hause, auch er arbeitet viele Stunden am Tag als Taxifahrer, abends verdient er mehr. In Tanjas Getränkeladen kann er nur selten aushelfen. Vincent spürt die Erwartungen

seiner Eltern an ihn als großen Sohn, und es kotzt ihn an, denn alle scheinen irgendetwas zu erwarten, nicht nur Tanja und Olaf, auch Carolin und wahrscheinlich sogar Mara, zumindest dass es ihm besser geht, wenn sie ihm schon immerzu hilft, dem jüngeren Bruder.

Olaf gibt Tanja einen Kuss auf den Mund und Vincent einen Katzenkopf, der liebevoll sein soll. Auch er weiß, dass seit dem Schwangerschaftsabbruch zwischen ihm und Carolin alles schiefhängt und doch nicht zu Ende ist. Olaf rät ihm zu gar nichts, er sagt nur, das hat der Junge sich selber eingebrockt, jedes Kind weiß, wovon Frauen schwanger werden, da muss er alleine wieder raus. Da kann ihm keiner helfen, wenn er jetzt den Blues schiebt, nachdem das Ungeborene weg ist. Trotzdem ist Vincent immer froh, wenn sein Vater da ist.

Tanja hat den Fernseher eingeschaltet und sieht zur Küche hin, wo Mara immer noch hantiert. Im Grunde sind alle müde, niemand will nach dem Fernsehen und Essen noch mal hoch, um etwas zu erledigen. Vincent reibt sich die Augen, Olaf gähnt und nimmt Tanja die Fernbedienung aus der Hand, stellt den Ton leiser.

»Na, was war los heute?«, fragt er, die Augen auf den Bildschirm gerichtet.

Vincent und Tanja murmeln ein paar unverständliche Laute, die bedeuten sollen, dass es keine nennenswerten Neuigkeiten gibt.

»Und die Schule?«, fragt Olaf weiter und sieht jetzt seinen Sohn von der Seite an, verharrt so, erwartet eine Antwort.

»Schule? Wie immer«, antwortet Vincent. Sein Vater will schon an einem Sportkanal hängen bleiben, besinnt sich dann aber doch anders, kann sein, dass sein Sohn das nicht verkraftet, weil Fußball ihn immer an Carolin erinnert. Vincent spürt, was in seinem Vater vorgeht. Er weiß auch, dass Olaf nicht in seiner Haut stecken möchte, dass er selbst es besser hat. Erst einen

Beruf, dann die Ehefrau, und an Kinder erst ab 30 aufwärts denken. Wenn man sich ausgetobt hat. Mit 17 schon so ein Stress mit den Weibern, das ist doch furchtbar.

»Wie immer kann nicht so toll sein bei deinen mäßigen Noten«, meint Olaf. »Wie wär's denn, wenn du dich mal auf den Hosenboden setzt und paukst? Jetzt hast du doch Zeit, wo deine Flamme sich ein bisschen rarmacht. Oder nicht?«

»Jaja, ich mach ja.«

»Was jaja? Uns Männern tut es gut, sich bei Frust in die Arbeit zu stürzen, ich weiß, wovon ich rede. Mein Leben ist auch nicht immer der reine Karamellsirup, das kannst du mir glauben. Bei der Fahrschule wolltest du dich auch längst anmelden. Stimmt's?«

Mara stößt mit der Schulter die Wohnzimmertür auf und trägt ein Tablett herein, vier Teller liegen gestapelt darauf, und die Salamipizza hat sie bereits in handtellergroße Stücke geschnitten. Olaf beugt sich als Erster vor und nimmt sich ein Stück.

»Du kannst heiraten, Mädel«, sagt er und grinst seine Tochter an. »So lob ich mir das. Nimm dir mal ein Beispiel an ihr, Junge, von nichts kommt nichts. Wann ist die nächste Mathearbeit dran?«

»Keine Ahnung«, erwidert Vincent und beißt ebenfalls in ein Stück Pizza. Wenn das Essen vor ihm steht, kommt der Appetit immer. »Ist noch nicht aktuell. Vielleicht renoviere ich mein Zimmer.«

»Vielleicht, vielleicht. Das ist auch so ein Lieblingswort von dir, wie? Lass mal Taten sehen, Vincent. Mit ›vielleicht‹ ist keine Frau zu beeindrucken.«

»Lass ihn doch mal in Ruhe, Papa.« Mara öffnet eine Halbliterflasche Bier und verteilt den Inhalt gleichmäßig in die bereitgestellten Gläser ihrer Eltern. »Außerdem wollen wir doch zusammen fernsehen. Ich bin für den Dokumentarfilm über Menschen mit Platzangst, und ihr?«

»Nicht wieder so'n Psychokram, bitte.« Tanja trinkt einen Schluck Bier. »Lieber was Lustiges, Hape Kerkeling ist heute auch irgendwo zu sehen. Wann willste denn anfangen mit deinem Zimmer, Vincent? Vielleicht haben wir noch einen Eimer Farbe im Keller. Können wir nachher gleich mal nachsehen.«

Vincent klappt sein Pizzastück zusammen und schiebt es sich auf einmal in den Mund, trinkt einen Schluck Cola, dann steht er auf.

»Ich mach das mit den Getränkekästen schnell alleine«, sagt er und wischt sich Mittelfinger und Daumen an den Hosenbeinen ab. »Gibst du mir den Schlüssel? Danach geh ich noch mal kurz raus.«

»Jetzt noch?« Tanja sieht auf die Uhr und fischt ihr Schlüsselbund aus der Schürzentasche. »Du musst doch morgen …«

»Frau!« Olaf wirft ihr unter seinen buschigen dunklen Augenbrauen einen Blick zu, als hielte er sie für nicht ganz dicht. »Der Junge ist siebzehn, der kann doch um halb neune abends noch um die Häuser ziehen, wenn ihm danach ist! Geh ruhig, Vincent. Aber Mathe behältst du im Kopf, klaro? Die Fahrschule auch. Und mach keine Dummheiten draußen.« Beim letzten Satz zwinkert er seinem Sohn zu und grinst sogar ein bisschen.

Vincent nickt und wirft seiner Schwester noch einen entschuldigenden Blick zu, während er geht. In seinem Zimmer atmet er tief durch und reißt das Fenster auf, die Luft streicht ihm lau übers Gesicht. Er lässt es noch offen, während er wieder in seine Sneakers steigt. Er muss weg hier. Auf der Straße ist niemand, der etwas von ihm verlangt, Erwartungen an ihn stellt, die er selber auch hat und doch nicht erfüllen kann. Jedenfalls nicht mehr heute und nicht morgen. Er nimmt seine Jacke vom Haken im Flur und geht die Treppe hinunter.

Im Keller von Tanjas Getränkeladen wird er schnell fertig sein,

sie müsste wirklich nicht jedes Mal so ein Theater um ein paar leere Bier- und Limokästen machen.
Vincent stapelt sie gleich vorne neben der Tür und fegt sogar den frei gewordenen Platz, wo morgen die neu gelieferte Ware aufgestapelt wird. Er merkt, dass ihm die Arbeit guttut, fühlt seine Armmuskeln, die viel zu untrainiert sind, den Rücken, der schnell ein bisschen wehtut unter der ungewohnten Anstrengung. Trotzdem lässt er in seinem Arbeitstempo nicht nach, er weiß, dass Carolin recht hat, wenn sie dafür plädiert, mehr Sport zu treiben. Es geht nicht nur darum, sich abzulenken.
Nach einer knappen halben Stunde hat Vincent alles geschafft. Er fühlt Energie in seinem Körper, jetzt viel mehr als vorhin im Zimmer oder beim Fernsehen, eigentlich könnte er gleich weitermachen und seine Schränke und Regale entrümpeln. Wenn er jetzt anfinge, würde er bis in die Nacht durcharbeiten und sich danach vielleicht besser fühlen, erschöpft, aber zufrieden, im Einklang mit sich selbst, viel mehr als wenn er bloß herumliegt und wartet, dass die Zeit vergeht. Oder dass irgendetwas passiert, das ihn herausreißt aus seiner Lethargie. Aber Vincent weiß genau, was ihm blüht, wenn er jetzt in seinem Zimmer anfängt zu räumen. Seine Eltern gehen immer früh schlafen, und besonders Tanja wacht bei jedem Geräusch auf.
Also schließt er den Keller und Laden ab und tritt nach draußen.
Die Wohnung und der Getränkehandel seiner Mutter liegen an einer belebten Straße, noch immer rauschen Autos vorbei, Spaziergänger hingegen sind kaum noch unterwegs. Nur auf der anderen Straßenseite krümmt sich ein schwarzer Labrador vor einem Baum, während sein Herrchen wartet. Vincent sieht die Glut seiner Zigarette.
Ein Lastwagen rattert dicht an ihm vorbei, dahinter die Straßenbahn. Vincent schiebt die Hände in seine Jackentasche und biegt

in eine Seitenstraße, die zum Park führt. Es ist sein Schulweg, an mehreren Häusern vorbei, an denen er mit Marcel schon gesprüht hat. Marcel hinterlässt überall sein Zeichen, eigentlich findet Vincent das blöd, er malt lieber richtige Bilder und wird darin immer geschickter. Auch jetzt hätte er Lust zu malen, aber natürlich hat er den Rucksack mit seinen Sprühdosen nicht dabei. Er geht am Park vorbei, in der Dunkelheit ist sein Bild von Weitem zu erahnen, aber da er weiß, dass schon längst andere Sprayer ihre Tags darübergesetzt haben, tritt er nicht näher; so genau will er das nicht sehen. Vielleicht malt er bald ein neues Bild.

Seine Schritte sind leise auf dem etwas unebenen Sandboden zu hören, die kleineren Wege im Park sind nicht gepflastert. Vincent hat die Richtung zum Abenteuerspielplatz eingeschlagen, hier hat er früher am liebsten seine Nachmittage verbracht. In letzter Zeit kommt er manchmal hierher, wenn er nachdenken will; in den Abendstunden, wenn alle Kinder längst nach Hause gegangen und in ihren Betten sind, kann er sicher sein, niemandem zu begegnen. Der Platz ist eingezäunt, damit er nicht von streunenden Katzen oder obdachlosen Trinkern verunreinigt wird. Aber Vincent kennt eine Stelle, wo er den Maschendraht nur ein wenig beiseiteschieben muss, schon ist er drin. Er erschrickt, als dicht vor seinen Füßen eine Maus vorbeihuscht, es kann auch eine Ratte gewesen sein. Sein Herz klopft heftig und er blickt sich um, ehe er die Seilbahn ansteuert, mit der er noch als Zwölfjähriger so gern gefahren ist. Man kann sich dort auf einen alten Autoreifen setzen oder stellen, sich von einem hölzernen Plateau abstoßen und ungefähr zwanzig Meter lang vom Fliegen träumen. Vincent hatte damals schon schulterlange Haare und er liebte es, wenn der Fahrtwind sie ihm aus dem Gesicht wehte und zerzauste.

Jetzt steht er unterhalb des Plateaus, es erscheint ihm viel niedriger als vor ein paar Jahren noch, aber er steigt die drei Holzbalken hinauf, nimmt zwei Sprossen auf einmal und grinst in sich hinein in der Erinnerung, dass ihm dieses Plateau damals so beeindruckend hoch erschienen war. Als er oben ist, blickt er hinauf in den lose bewölkten Himmel, erkennt das Sternbild des Großen Wagens und überlegt, ob das Kind, das er und Carolin weggeschickt haben, jetzt vielleicht irgendwo dort oben zwischen den Gestirnen spielt. Aber gleichzeitig weiß er, dass das Unsinn ist.

Noch einmal fährt er vor Schreck zusammen, weil er undeutlich eine Bewegung wahrnimmt, aber dieses Mal ist es kein Nagetier.

»Hallo, Vincent«, sagt eine Stimme unter ihm. Ninas Stimme, er muss gar nicht erst nachsehen. Mit Nina war er zusammen, bevor er Carolin kennenlernte, sie war seine erste große Liebe. Und als es auseinanderging, hatte er lange daran zu knabbern. Es hatte keinen richtigen Grund für sie gegeben, ihn zu verlassen, keinen Streit, niemand Drittes, der zwischen ihnen stand. Der Reiz zwischen ihnen war nie ganz verschwunden. Und jetzt ist sie hier.

»Nina«, bringt er hervor, seine Stimme klingt rau, als habe er lange nicht gesprochen.

Sie steht unterhalb des Seilbahnplateaus, ein leichter Wind weht ihre langen mittelblonden Haare nach hinten, er sieht das Weiße in ihren Augen. Sie scheint zu zittern, wahrscheinlich vor Kälte. Zu ihren engen Jeans und der kurzen weißen Jacke mit Fellkapuze trägt sie flache weiße Stiefel. Nina lächelt zaghaft, er sieht ihre Lippen schimmern.

»Komm rauf«, sagt er und streckt einen Arm nach ihr aus, doch sie schüttelt den Kopf.

»Komm du runter.«

Vincent springt und steht mit einem Satz dicht vor ihr. »Woher wusstest du, dass ich hier bin?«, fragt er und ist versucht, über ihr Haar zu streichen, ihren Mund. Er spürt ein Kribbeln in seinem Körper, das ihn vollkommen verwirrt. Er will nicht hier sein, bei Nina, schließlich hat er noch vor ein paar Stunden versucht, mit Carolin zärtlich zu werden. Dennoch hat er sich schon ewig, so scheint es ihm, nicht mehr so glücklich gefühlt wie in diesem Augenblick. Es ist, als ob ein Kugelblitz an ihm vorbeisaust und ihn mitnimmt, davonreißt, weit weg in ein fernes Sonnensystem am anderen Ende der Galaxis, wo es hell ist und warm wie auf einer Südseeinsel.

Nina zuckt mit den Schultern und lächelt noch immer.

»Jetzt sag schon«, beharrt er und tritt noch einen Schritt dichter an sie heran. Sie kommt ihm vor wie eine Erscheinung, eine Fee, ein Engel, eine giftige Hexe, alles auf einmal. »Wie hast du mich gefunden, das kann doch kein Zufall sein.«

»Vielleicht doch«, antwortet sie, erst jetzt sieht er, dass Nina Kaugummi kaut. »Gehen wir ein Stück?«

Wie von allein legen beide die Arme umeinander, während sie weitergehen, und endlich erzählt Nina, dass sie bei Vincent zu Hause angerufen habe, sein Vater wäre am Apparat gewesen und habe gesagt, sie solle ihn lieber in Ruhe lassen, er wäre beschissen drauf.

»Aber dieses Mal liegt es nicht an mir«, betont sie. »Also bin ich los. Ich habe mir gedacht, dass ich dich hier finde.«

»Du kennst mich verdammt gut.« Vincent spricht leise, ruhiger als sie, muss immer wieder trocken schlucken. Nach wenigen Schritten stehen sie vor dem Zaun, der den Spielplatz umgibt.

»Du kennst den Durchschlupf«, stellt er fest. Jetzt weiß er, dass Nina ihm mindestens einmal heimlich gefolgt ist, wenn er hierherkam. Er nimmt ihre Hand und zieht sie zu der Stelle, an der er den Zaun immer öffnet. Es passt nur einer durch.

»Du zuerst«, bestimmt Nina.

»Du«, sagt Vincent kopfschüttelnd, und dann schieben sie sich gleichzeitig auf den Spalt zu, und er weiß nicht, ob sie absichtlich stolpert, aber es ist ihm auch egal, er fängt sie auf und hält sie eng umschlungen, und ihr Mund schmeckt so vertraut und so aufregend neu, dass ihm beinahe schwindlig wird.

DREI

Keiner von beiden weiß, wie viel Zeit vergangen ist, als sie sich endlich voneinander lösen. Vincent räuspert sich, Nina rückt ihre Jacke und die Fellkapuze zurecht.

»Willst du wirklich schon nach Hause?«, fragt sie. Vincent lacht und schüttelt den Kopf.

»Komm mit«, sagt er und nimmt erneut ihre Hand. »Jetzt fliegen wir.«

Sie rennen zurück zur Seilbahn, dabei zieht Vincent den Autoreifen an seiner Halterung hinter sich her. Dieses Mal klettern beide auf das Plateau, sie zuerst, er sieht ihren schmalen Po in der engen Jeans, sieht wieder weg, er darf den Reifen nicht loslassen.

»Fang an«, bestimmt er, und sie greift auch schon nach dem dicken, gewundenen Drahtseil, an dem der Reifen hängt.

»Setz dich drauf«, fügt er hinzu, mit Nina ist es so einfach, so spielerisch, das war es immer schon gewesen. Sie setzt sich und kreuzt leicht die Beine, er packt ihre Schulter und schubst sie, und schon sieht er sie davongleiten, sie kreischt leise und lacht. Als sie am anderen Ende angekommen ist und die Seilbahn nur noch hin und her schwingt, lässt sie ihren Kopf rücklings herunterhängen, ihre langen Haare schleifen beinahe im Sand. Dann

steigt sie ab und bringt ihm den Sitz zurück, Vincent fliegt im Stehen, und noch während er schwebt, stellt er sich vor, wie es sein muss, mit Nina zusammen auf dieser Seilbahn zu fahren und sie dabei im Arm zu halten. Sie ist sofort einverstanden, er legt die Hände von hinten auf ihre Hüften und drückt sie an sich, atmet den Duft ihrer zarten Nackenhaut, spürt ihre Haare im Fahrtwind an seiner Stirn und seinen Wangen, sieht ihre kleinen, schmalen Sneakers neben seinen großen, kaputten. Das Kribbeln in ihm hört überhaupt nicht mehr auf, und er fragt sich, ob sie es ebenfalls spürt. Aber eigentlich ist er sich sicher.
Immer wieder ziehen sie die Seilbahn hoch und fahren, mal einzeln, dann wieder zusammen, vergessen völlig, wie spät es schon ist, bis sich in einem der umliegenden Mietshäuser ein Fenster öffnet und die erboste Stimme eines älteren Mannes sie daran erinnert und gleich mit der Polizei droht, von wegen Ruhestörung.
»Nun hab dich nicht so«, hört Vincent eine zweite Stimme hinter dem Mann, und ein weiterer Kopf erscheint. »Du siehst doch, dass das da unten ein verliebtes Pärchen ist, oder? Die machen doch nichts Schlimmes. Wir waren doch auch mal jung.«
Da wachen sie auf. Verliebtes Pärchen, denkt Vincent, denkt an Carolin, schiebt ihr Gesicht vor seinen Augen weg, sieht Nina an. Sieht in ihre Augen, erkennt die Iris strahlend selbst jetzt in der Finsternis, die dunklen, geweiteten Pupillen, die langen Wimpern. Es könnte stimmen.
»Verliebtes Pärchen«, wiederholt sie im Flüsterton und legt ihre Finger auf seinen Arm, leicht wie ein kleiner Vogel, der sich niedergelassen hat, um gleich wieder aufzuflattern, auch wenn Vincent den Arm noch so still hält.
»Fast noch Kinder gefällt mir schon weniger«, gibt er zurück. Und er sieht zu, wie es langsam in ihrem Bewusstsein ankommt, was er da eben gesagt hat. Was es bedeutet, für ihn und für sie.

Sieht ihr Lächeln, als sie begreift. Jetzt zwängen sie sich doch zusammen durch den Spalt im Zaun und gehen weiter, wieder umschlungen. Auch auf der Hauptstraße ist es jetzt still.

»Mit deiner Carolin … ist das eigentlich noch was?«, fragt Nina nach ein paar Hundert Metern. Es ist Vincent unangenehm. Ihr Name steht zwischen ihm und Nina, zerstört den Zauber.

»Ich weiß auch nicht«, erwidert er zögernd und legt seinen Arm fester um Ninas Schultern. »Wir sehen uns kaum. Richtig Schluss gemacht hab ich noch nicht.«

Und Nina ist klug, sie fragt ihn nicht, ob er das will, drängt ihn nicht, verlangt keine Entscheidung, ob er jetzt wieder mit ihr zusammen ist. Als sie vor ihrer Haustür ankommen, zieht sie sich aus seiner Umarmung, hält aber seinen Blick fest. Er hört, wie sie in ihrer Jackentasche schon nach dem Schlüssel wühlt.

»Vielleicht kriegt ihr es ja wieder hin«, sagt sie. »Wenn du das wirklich willst, wünsch ich es dir.«

»Danke«, antwortet er und kommt sich blöde dabei vor, weil es sich anhört, als ob er es tatsächlich will. Mit Carolin zusammenbleiben. Im Moment erscheint sie ihm Weltreisen weit von ihm entfernt. »Aber was ist mit dir, ich meine … so ein Mädchen wie du – da gibt es doch sicher auch jemanden, oder?«

Nina hört auf, mit dem Schlüssel zu klimpern, er sieht, wie sie zittert, heute Nacht könnte es noch mal Bodenfrost geben. Kaum merklich schüttelt sie den Kopf.

»Immer noch nicht«, gesteht sie. »Genau wie damals, als wir …«

Vincent nickt. Er weiß, dass sie auf einen Nachmittag vor ein paar Monaten anspielt. Damals war er mit Carolin ganz frisch zusammen gewesen, und Nina hatte ihm durch ihre Freundin Sophia ausrichten lassen, seine CDs abzuholen, die er bei ihr vergessen hatte. Auch damals hatten sie sich geküsst, und beinahe wären sie noch weiter gegangen. Aber nur beinah. Vincent wollte damals Carolin nicht verletzen, hatte sich selbst dafür ver-

flucht, dass er überhaupt zu Nina gegangen war, wusste er doch, wie er immer noch auf sie reagierte. Das mit den CDs war nur ein Vorwand gewesen, von beiden Seiten. Aber jetzt ist es anders, das fühlt er.
»Wieso nicht, das kann doch nicht sein. Du bist...«
»Ich will niemanden«, unterbricht ihn Nina, und Vincent erschrickt ein wenig über die plötzliche Härte in ihrer Stimme. »Seitdem wir auseinander sind, komme ich überhaupt nicht mehr klar. Ich vermisse dich immer noch, Vincent.«
Er blickt zur Seite. »Das hast du damals auch gesagt«, erinnert er sie, ohne auf ihren letzten halben Satz einzugehen. Er hatte an jenem Tag unwirsch reagiert, als sie sich an ihn klammerte, fand es unmöglich, dass sie ihn zu erregen versuchte, obwohl sie wusste, dass er eine neue Freundin hatte. Solche Mädchen hatten schnell den Ruf einer Schlampe weg, keiner von seinen Kumpels wollte mit ›so einer‹ etwas zu tun haben. Zumindest nicht ernsthaft.
»Irgendwie komm ich mit meinem ganzen Leben nicht mehr klar«, fährt Nina fort. »Nicht nur, weil wir nicht mehr zusammen sind. Manchmal habe ich das Gefühl, in mir ist alles leer. Außer jeden Morgen aufstehen, stylen und zur Schule gehen passiert doch überhaupt nichts. Meine Mutter ist fast nie da. Und mit irgendeinem wildfremden Typen herumzumachen...«, sie schüttelt sich. »Nee. Das ist absolut nicht mein Ding.«
Ein wildfremder Typ bin ich nicht, denkt Vincent, er kann gar nicht anders. Als Nina nach der Klassenfahrt im letzten Jahr mit ihm Schluss gemacht hat, wusste sie selber nicht so richtig, warum. Vielleicht ging es ihr damals schon nicht so gut. Irgendwann einmal hatte Nina ihm von ihrem Vater erzählt, der Alkoholiker gewesen war und, ein Jahr nachdem Steffi, ihre noch ziemlich junge Mutter, ihn vor die Tür gesetzt hatte, bei einem Verkehrsunfall ums Leben gekommen ist. Nina war damals elf

Jahre alt. Heute lebt sie noch immer mit Steffi allein und spürt die Lücke, die der Vater hinterlassen hat, so qualvoll der Alltag mit ihm auch war. Kein Wunder, dass Nina durchhängt – genau wie Vincent. Vielleicht passen sie beide doch nicht so schlecht zusammen.

»Du musst jetzt hoch«, sagt er und nimmt ihre Hände in seine, um sie warm zu hauchen. Jetzt lächelt Nina wieder und ihre Augen blitzen, auf einmal sieht sie wieder beinahe vergnügt aus, süß, sie zieht ihre Lippen mit einem Pflegestift nach, rosa schimmernd. Er streift ihre Hände mit seinen Lippen, dann lässt er sie los.

»Bis bald«, sagt er leise und wendet sich zum Gehen.

»Sehen wir uns wieder?«, fragt Nina.

Ich weiß nicht, will er sagen, aber auf einmal kommt es ihm so vor, als hätte er diesen Satz heute schon viel zu oft gesagt, in allen möglichen Situationen. Wenn er ihn jetzt wieder sagt, wird er in einer Viertelstunde wieder oben auf seinem Bett hocken, in seinem Zimmer, das er nicht mehr verändert hat, seit er vierzehn war, in all dem Staub und in seinem Leben, in dem er auch nicht weiß, wie es weitergehen soll. Von der Schule einmal abgesehen.

Also bleibt er stehen, holt tief Luft und hält sie an.

»Was machst du am Samstagnachmittag?«, fragt er.

Am Samstag kurz nach dem Mittagessen steht Carolin mit zwei Eimern Wandfarbe vor der Tür. Vincents Hände werden schweißnass, als er ihr öffnet.

»Du …?«, stößt er hervor. »Hast du heute kein Spiel …? Ich dachte …« Nur widerstrebend zieht er die Tür weiter auf und lässt sie herein. Carolin streckt den Arm halb aus, mit dem sie den schwereren der beiden Eimer trägt, er nimmt ihn ihr ab, lässt ihn jedoch zwischen ihnen auf den Boden fallen. Zum Glück ist er neu und fest verschlossen.

»Ausgefallen«, antwortet Carolin und umarmt ihn über den Eimer hinweg. »Von der anderen Mannschaft sind mehr als die Hälfte der Spielerinnen krank.« Sie drückt ihm einen Schmatzer auf die Wange, dann noch einen auf seine Lippen, den er nur halbherzig erwidert. Erst jetzt sieht er, dass sie auch noch einen prall gefüllten Rucksack auf dem Rücken trägt. Mit fragender Miene deutet er darauf.

»Da ist alles drin, was wir brauchen«, sagt sie. »Abklebeband, Malerfolie, Pinsel, zwei verschiedene Farbrollen und ein Abstreifgitter. Wir können gleich loslegen.«

»Aber ich … hey, ich dachte, du hast keine Zeit! Hättest du nicht wenigstens anrufen können?« Vincent blickt zu seiner Zimmertür, dann wieder in ihr Gesicht, in dem jetzt ein Anflug von Enttäuschung zu sehen ist. Er kann ihr nicht sagen, dass er mit Nina verabredet ist. Und Nina kann er nicht absagen, er freut sich so auf sie, und er ist sicher, dass sie ihn braucht.

»Wenn ich angerufen hätte, wären dir wieder tausend Gründe eingefallen, weshalb es nicht geht«, meint Carolin. »Ich kann einfach nicht länger zusehen, wie du dich hängen lässt. Das, was passiert ist, haben wir gemeinsam durchgestanden, also geht es mich auch etwas an, wenn du mies drauf bist.«

»So schlimm ist es nicht mehr«, widerspricht Vincent lahm und denkt, wenn du wüsstest, wie wahr das ist. Seit er Nina getroffen hat, fühlt er in seinem Inneren eine leise, aber beständige geheime Freude, die ihn endlich ein wenig aus seiner Lethargie herauszureißen begonnen hat. Er hat schon geduscht und sich die Haare gewaschen und geföhnt, für Nina. Carolin scheint es kaum zu bemerken, denkt Vincent. Ihr Blick verrät ihm, dass sie auch jetzt nicht wirklich bei ihm ist. Es geht ihr darum, unbedingt etwas zu tun zu haben.

»Ich habe nichts vorbereitet«, beginnt er von Neuem. »Wenn ich gewusst hätte, dass du kommst, hätte ich doch das Zimmer leer

geräumt, alles in Kisten gepackt und was man sonst so machen muss. Bis wir das jetzt alles gemacht haben, ist der Tag vorbei.«
»Sag das nicht.« Carolin stellt den Eimer ab und schlingt ihre Arme um seinen Hals. »Du weißt noch nicht, dass auch Bianca noch kommt, wahrscheinlich bringt sie Marcel mit. Was glaubst du, wie schnell wir zu viert fertig sind!«
Vincent stöhnt leise. Carolin löst sich von ihm und geht voraus in sein Zimmer, hinter ihr blickt er verstohlen auf seine Armbanduhr. Es ist zehn vor zwei; wenn sie wirklich zu viert schnell arbeiten, könnte er die Verabredung mit Nina noch knapp schaffen, sie wollen sich um halb sechs in der Innenstadt treffen. Am besten, er legt mit Carolin gleich los, so riesig ist sein Zimmer nicht. Er schleppt den Eimer hinter ihr her, stellt ihn ab und beginnt gleich, sein Bücherregal leer zu räumen. Carolin sieht sich kurz um und verschwindet erneut in dem langen Korridor, um den Staubsauger zu holen, sie kennt sich überall in der Wohnung aus.
»Wir können die Möbel auch in die Mitte stellen«, schlägt sie vor. »Hauptsache, die Wände sind frei, damit wir ungehindert streichen können. Habt ihr eine Leiter?«
Er legt den Stapel alter Comichefte ab, den er gerade in den Papierkorb stopfen wollte. Zehnmal hat er sie mindestens gelesen.
»Du hast dich so verändert, Carolin«, sagt er. »Am Anfang fand ich es immer gut, dass du so ruhig und besonnen warst, so natürlich, kein aufgedrehtes Huhn wie viele andere Mädchen. Wenn du da warst, hatte ich immer das Gefühl, alles ist gut, ich kann mich richtig fallen lassen und ganz ich selber sein. Du warst mein Ruhepol, obwohl du so eine Sportskanone bist. Und jetzt machst du ständig so eine Hektik. Fragst nicht mal nach, ob ich überhaupt heute renovieren will.«
»Besonnen?« Carolin schüttelt den Kopf. »Das ganze letzte halbe

Jahr lang hat in mir nichts als Chaos getobt. *Jetzt* fange ich an, zu sortieren und zu ordnen. Ich glaube, du kennst mich noch gar nicht richtig. Und was das hier betrifft«, sie deutet mit ausgestrecktem Arm durch das ganze Zimmer, »da habe ich gedacht, ich tue dir einen Gefallen. Aber so kann man sich täuschen.«

Ohne eine weitere Antwort holt Vincent die Leiter vom Balkon, während Carolin bereits beginnt, die Reißzwecken aus seinem Bart-Simpson-Poster zu ziehen und die Fenster und Fußleisten abzukleben, damit keine Farbspritzer darauf landen. Jetzt reden sie nur noch das Nötigste miteinander, beide verletzt, umeinander bemüht, verwirrt. Vincent weiß, dass das renovierte Zimmer nichts zwischen ihnen besser machen wird, aber jetzt kann er nicht mehr zurück, kann nicht alles halb fertig stehen lassen. Carolin saugt lange Spinnweben und Staubflusen aus allen Ecken und von den Wänden und legt Folie über einen Teil der Möbel. Vincent stellt die Leiter auf und befestigt das Klebeband. Sie arbeiten schweigend, er versucht, nicht dauernd auf die Uhr zu schauen, beeilt sich bei jedem Handgriff und überlegt unablässig, wie er es schaffen kann, sich nachher rechtzeitig loszueisen. Immerhin beginnt Carolin jetzt, die Farbe umzurühren und taucht den schmalen Pinsel ein, um die Ränder zu bearbeiten, auch sie scheint zügig arbeiten zu wollen. Vincent tritt einen Schritt näher. Erst jetzt sieht er, was für einen Farbton sie da mitgebracht hat.

»Dunkelgrün?«, fragt er fassungslos. Bisher sind seine Zimmerwände weiß oder waren es zumindest mal, inzwischen sind sie grau von Staub.

»Nur für eine Wand«, versucht sie ihn zu beschwichtigen. »Die anderen streichen wir in Vanillegelb. Du wirst sehen, wie toll das aussieht, gibt gleich ein ganz anderes Lebensgefühl! Ich habe das neulich bei unserer Trainerin gesehen, die hat das in ihrem

Wohnzimmer. Immer nur weiß, das sieht so klinisch aus. Findest du nicht? Außerdem kommt bald der Frühling.«
»Wenn du meinst.« Vincent lässt die Arme sinken, er weiß genau, dass es jetzt nur zwei Möglichkeiten gibt. Er könnte Carolin mitsamt ihrer Farbe rausschmeißen und zusehen, dass er pünktlich zu seinem Date mit Nina kommt. Aber das wird sicher nicht einfach, weil man nicht weiß, wie lange es sich hinzieht, wenn Carolin und er sich jetzt ernsthaft streiten. Oder er packt weiter mit an und sieht zu, dass alles schnell fertig wird.
»Wann wollten die anderen kommen?«, fragt er dennoch und zückt sein Handy, um Marcel anzurufen. Carolin zuckt mit den Schultern.
»Jeden Moment«, sagt sie, und im selben Moment klingelt es auch schon an der Tür. Vincent will öffnen, doch da legt Carolin ihren Pinsel auf den Deckel des Farbeimers und greift nach seinem Arm.
»Tut mir leid«, sagt sie, und endlich klingt ihre Stimme wieder so, wie er sie kennt, sanft und einfühlsam. »Ich wollte nicht, dass du dich überrumpelt fühlst. Aber …«
»Lass«, sagt er und schiebt ihre Hand weg. »Ist schon gut. Jetzt sind wir ja mittendrin.«
Aber als Bianca und Marcel oben sind, dauert es doch eine Weile, bis sie weitermachen können, weil es erst ein Begrüßungshallo gibt und Vincent für alle etwas zu trinken holt. Dann fängt Marcel an, über die Aufgabenverteilung zu diskutieren und will mit der großen Rolle loslegen, bevor alle Vorarbeiten fertig sind, und Bianca weigert sich, Staub zu wischen. Schließlich kommt auch noch Mara herein und verkündet, sie habe Kuchen für eine Fete gebacken und noch etwas übrig. Unter dem Jubel der anderen verschwindet sie mit Carolin, die wenig später mit einem voll beladenen Tablett aus der Küche zurückkehrt. Als sie endlich weiterarbeiten, ist es schon kurz nach vier.

Aber eine gute Stunde später ist der letzte Pinselstrich getan. Die Wände in Vincents Zimmer sehen völlig verändert aus, er muss sich eingestehen, dass es so viel moderner und lebendiger wirkt. Aber auch fremd. Carolin hätte das in ihrem eigenen Zimmer machen sollen, denkt er düster; dann wäre sie zufrieden und ich hätte jetzt nicht diesen Stress. Erwartungsvoll lächelnd sieht sie ihn an; er nickt schweigend, um Zeit zu gewinnen. Vielleicht wird es besser, wenn erst seine Sachen wieder alle am richtigen Ort stehen.

Marcel wäscht die Farbrolle im Bad aus, Carolin stapelt die leeren Kuchenteller und räumt auch die Gläser weg. Bianca nimmt die Folie von den Möbeln, zerknüllt sie und lässt sich auf sein Bett plumpsen.

»Und jetzt?«, fragt sie und kramt in ihrer Handtasche nach ihrer Bürste, die sie wieder und wieder durch ihre frisch gesträhnten, langen blonden Haare zieht. Carolin und Marcel kommen zurück und setzen sich neben sie, Bianca steckt die Bürste wieder weg. »Wie haben wir das gemacht? Jetzt ist Party angesagt, oder? Das bist du uns schuldig, Vince, nachdem wir so für dich geackert haben.«

Vincent reißt die Augen auf. »Party?«, wiederholt er. »Also eigentlich …«

Marcel legt seinen Arm um Bianca, die beiden sind am selben Abend zusammengekommen wie Carolin und Vincent. Bei ihnen scheint nie etwas schiefzulaufen.

»Na klar, Party«, bekräftigt er. »Der Abend ist noch jung, wir können doch alle zusammen ins Kino gehen und später noch in einen Klub. Und du gibst einen aus. Was meint ihr?«

Carolin streift Vincent mit einem Seitenblick, dem er ausweicht. »Party, nee«, sagt sie und bemerkt das dankbare Lächeln, das über sein Gesicht huscht. Eine Partynudel ist sie nie gewesen, und an jenem Abend vor einem guten Vierteljahr, als sie Vincent kennengelernt hat, waren sie sich genau deshalb nähergekommen. Auf einer Party, zu der keiner von beiden richtige Lust hatte. »Ich wollte eigentlich noch joggen gehen. Heute ist ein Wahnsinnswetter, habt ihr das noch gar nicht mitbekommen? Mittags waren es 22 Grad, und das am 2. März! Total irre. In den Cafés saßen die Leute schon draußen.«

Bianca und Marcel winken ab. »Sport? Nach der Knochenarbeit hier? Vergiss es«, sagt Bianca und fängt an, neue Vorschläge zu machen. Vincent fühlt, dass sein Mund trocken ist vor Nervosität, dafür schwitzen seine Hände schon wieder, und tausend Gedanken wirbeln in seinem Kopf durcheinander. Ich muss zu Nina, denkt er, ich bin schon spät dran, genau jetzt müsste ich eigentlich los, um noch einigermaßen pünktlich zu sein, bei 22 Grad könnten wir mit den Fahrrädern an einen See oder zum Tiergarten fahren, irgendwohin, wo nicht so viele Leute sind. Vielleicht kann man schon auf dem Rasen sitzen, obwohl es bereits dämmert. Richtig romantisch.

»Ich will hier lieber noch aufräumen«, verkündet er schließlich. »Wenn ich sonst abends nach Hause komme und hier sieht es noch so ungemütlich aus – nee. Und nach Party ist mir absolut nicht zumute.« Bei den letzten Worten wirft er Carolin einen kurzen Blick zu, sie kann ruhig wissen, dass farbenfrohe Wände keine Probleme lösen. Jedenfalls nicht für ihn. Er versucht, etwas angetrocknete grüne Farbe von seiner Jeans zu kratzen. »Nächstes Wochenende geb ich euch einen aus, versprochen. Es war super, dass ihr alle geholfen habt.«

»Alles klar«, sagt Marcel und steht auf, nimmt Biancas Hand und zieht sie ebenfalls vom Bett hoch. »Dann hau rein, Vincent. Wir sehn uns.« Kurz darauf sind die beiden verschwunden. Als er und Carolin allein sind, zieht sie ihr mit Farbe bekleckertes Shirt aus, sekundenlang steht sie im BH vor ihm. Sie haben lange nicht mehr miteinander geschlafen und irgendwie steht

es im Raum, obwohl beide wissen, dass es auch jetzt nicht geht.
»Wann sehen wir uns wieder?«, fragt Carolin und zieht ein sauberes Top aus ihrer Umhängetasche. Dieselbe Frage wie von Nina. Vincent hat das Gefühl, als würde der Boden unter seinen Füßen schlingern wie ein Schiff bei hohem Seegang. Ihm ist alles zu viel.
»Ich weiß nicht.« Vincent sucht im Regal nach seinem Kamm, benutzt ihn aber nicht, als er ihn gefunden hat. Mit den Augen sucht er den Fußboden nach seinen Schuhen ab, er muss jetzt wirklich los. »Verabreden wir uns, wenn wir mal richtig Zeit und Ruhe haben. Kein Sportprogramm und keine Hektik. Sonst bringt das doch nichts. Ich richte hier erst mal alles wieder ein.«
»Ich ruf dich an«, sagt Carolin, die jetzt wieder ganz angezogen ist, und stellt sich auf die Zehenspitzen, um ihm einen Kuss auf die Lippen zu drücken. »Bist du morgen Abend da?«
»Glaub schon«, antwortet Vincent. »Ich bring dich noch zur Tür.«
Als sie weg ist, steigt er schnell in seine Sneakers und fährt sich mit dem Kamm durchs Haar, eine Strähne ist von blassgelber Farbe verklebt, er flucht leise, als er darin hängen bleibt, ein Zinken von seinem Kamm bricht ab und fällt zu Boden. Fahrig greift er nach seinem Handy und wählt Ninas Nummer. Sie ist nicht sauer wegen der Verspätung, doch nun, nachdem er ihre Stimme gehört hat, rast er in den Keller, um sein Fahrrad zu holen, es ist sogar noch Luft drauf nach dem langen Winter, eilig wischt er den gröbsten Staub mit seinem Jackenärmel ab und schleppt es nach oben. Vor dem Haus steigt er auf und fährt los, er kann es freihändig und es ist wirklich noch warm draußen.
Drei Straßen weiter trifft er Nina und sie fahren zusammen weiter, bis sie an eine entlegene Stelle am Landwehrkanal kommen, ein kleines, von Büschen umsäumtes Rasenstück abseits der großen Liegewiese, das kaum jemand kennt. Hier waren sie früher

oft zusammen. Ein wenig außer Atem steigen sie ab und lehnen ihre Räder an einen Baum. Wie ein Zelt liegt der violette Himmel über ihnen, als sie sich niederlassen, schon jetzt ineinander verschlungen. Nina zieht ein Kondom aus der Tasche und reißt die Hülle auf, und weil beide so aufgeregt sind, so verliebt, merkt keiner von ihnen, dass es reißt.

»Der Boden ist noch kalt«, sagt sie, ohne ihre Lippen von seinen zu lösen.

»Ich leg meine Jacke drunter«, raunt Vincent und küsst sie weiter, Ninas Haut fühlt sich warm an unter der Kleidung, ihre schmalen Finger öffnen den Knopf seiner Jeans, den Reißverschluss, und auch er findet, was er sucht und was er so lange vermisst hat, endlos lange. Noch einmal blickt er ihr in die Augen, ehe er eins mit ihr wird, ihre Pupillen sehen aus wie zwei schwarze Murmeln, geweitet und voller Einverständnis. Als er ihr so nahe kommt, wie er es sich die ganze Zeit erträumt hat, spürt er keinen Widerstand, nicht wie bei Carolin schon so viele Wochen lang. Nina will es auch. In diesem Moment ist es, als habe es außer ihnen nie jemand anderen gegeben.

VIER

Nina setzt sich im Bett auf, sie muss langsam machen, deshalb stellt sie ihren Wecker seit einiger Zeit eine halbe Stunde früher. Die Übelkeit macht ihr zu schaffen, besonders wenn sie an der Küche vorbeigeht, um ins Bad zu kommen, und dabei der Geruch nach frisch gebrühtem Kaffee und Zigarettenrauch in ihrer Nase aufsteigt. Dann könnte sie gleich kotzen, und so ist es auch

an diesem Morgen. Steffi, ihre Mutter, sitzt schon am Tisch und beißt von einem Käsetoast ab, Nina schafft es nur knapp bis zur Toilette, viel kommt nicht am frühen Morgen, wenn der Magen noch leer ist. Sie weiß genau, dass es nach einem Glas Saft und einer halben Scheibe Brot besser wird, doch Appetit hat sie nicht. Deshalb duscht sie erst mal, putzt sich die Zähne, begutachtet ihre Brustwarzen, die angeblich schon in den allerersten Wochen der Schwangerschaft größer und dunkler werden. Viel erkennt sie noch nicht, trotzdem gibt es keinen Zweifel. Sie ist schwanger von Vincent, vielleicht noch nicht seit damals am Landwehrkanal, aber das war auch nicht das einzige Mal, dass Vincent und sie zusammen waren. Sie hat ihn wieder, das spürt Nina genau. Noch will sie ihm nicht sagen, was passiert ist.
Nach dem Zähneputzen bürstet sie sich lange die Haare, zieht einen grünen Kajalstrich das untere Augenlid entlang, tuscht ihre Wimpern, bis die Augen strahlen. Über ihr Nachthemd zieht sie ihren weißen Bademantel, dann geht sie in die Küche. Jetzt, nachdem sie sich übergeben hat, stören die Gerüche von dort sie kaum noch. Sie hat gehofft, Steffi wäre schon fertig mit ihrem Frühstück, doch sie sitzt immer noch da und trinkt bestimmt ihre dritte Tasse Kaffee. Aber sie ist schon fertig angezogen für ihre Arbeit als Verkäuferin im Jeansshop, mit der sie sich und ihre Tochter gerade so ernähren kann, obwohl sie immer sagt, dass sie ihr halbes Gehalt schon für die Benzinkosten ausgibt, um überhaupt zu dem Laden zu gelangen. Ihr Haar, dessen hellbraunen Ton Nina geerbt hat, hat sie hochgesteckt, sie trägt eine neue Jeans, schwarze Stiefeletten und einen passenden Rollkragenpullover, über dem eine lange Kette mit einem schimmernden Anhänger aus echter Muschel hängt. Ihre Augen wirken durch den breiten Lidstrich kleiner, als sie sind.
»Alles musst du mir nicht nachmachen«, begrüßt sie Nina und reicht ihr die Thermoskanne. »Ich war wenigstens schon voll-

jährig, als du dich angekündigt hast.« Dabei zwinkert sie ihr mit einem Auge zu.

»Wovon redest du?«, fragt Nina und schiebt die Hand ihrer Mutter mitsamt Thermoskanne weg. Bis vor ein paar Wochen hätte sie sich keinen Morgen ohne Kaffee vorstellen können, jetzt setzt sie den Wasserkocher auf und nimmt einen Beutel Pfefferminztee aus der Dose im Regal. Statt einer Scheibe Brot hat sie plötzlich Appetit auf Joghurt, doch als sie die Kühlschranktür öffnet, sieht sie gleich, dass keiner mehr da ist. Im Gemüsefach liegt noch eine Banane, bei deren Anblick sich ihr gleich wieder der Magen umdreht. Etwas zu heftig schlägt sie die Tür wieder zu.

»Wovon ich rede?«, wiederholt Steffi. »Du bist lustig! Fast jeden Morgen würgst du dir die Seele aus dem Leib und denkst, ich höre das nicht? Ganz von gestern bin ich nicht, meine Süße. Ich weiß doch, was läuft.«

Nina setzt sich auf den einzigen Stuhl, auf dem nichts von den Sachen ihrer Mutter liegt, weder ihre Tasche noch die Jacke noch der Stapel Zeitschriften, in denen sie immer blättert, wenn sie alleine am Tisch sitzt und isst. Vorsichtig nimmt sie einen Schluck von ihrem Tee, ist noch nicht sicher, dass ihr Magen sich wirklich beruhigt hat. Steffi schiebt das Honigglas und den Brotkorb zu ihr hin, Nina nickt zögerlich, nimmt eine Scheibe, bestreicht sie dünn und beißt ein kleines Stück ab, kaut langsam. Erneut steigt die Übelkeit auf, es ist kein guter Tag, jede Bewegung ist ihr zu viel. Am liebsten möchte sie in ihr Bett zurück und heulen, und ihre Mutter soll kommen und ihr den Tee bringen, Ninas Haare und Wangen streicheln und ihr gut zureden, dass sie das alles schon packen werden. Aber so ist Steffi nicht. Beim Shoppen hat sie neulich jemand für Schwestern gehalten, und es gibt niemanden in ihrem gesamten Bekanntenkreis, dem sie das nicht sofort erzählt hätte, egal wie auffällig Nina dabei die Augen verdreht hat.

»Du brauchst mir das gar nicht auszureden mit dem Baby«, sagt sie und wirft ihrer Mutter einen warnenden Blick zu.
»Das ist mir klar. Ich bin nicht die Richtige, um dir ausgerechnet in der Angelegenheit mit dem erhobenen Zeigefinger zu kommen. Aber dann sieh auch zu, wie du fertigwirst. Besorg dir eine Tagesmutter, wenn es so weit ist, mach vorher deine Schule fertig, treib den Unterhalt für dein Kind ein und sprich mich nicht mit *Oma* an. Wenn du das alles hinkriegst, bin ich die Letzte, die sich querstellt.«
Nina holt tief Luft. »Ich habe ja Vincent«, sagt sie. »Der lässt mich schon nicht hängen. Dass er wieder zu mir zurückgekommen ist, obwohl ich damals Schluss gemacht habe, beweist doch, dass ich ihm vertrauen kann. Dieses Mal bleiben wir bestimmt zusammen.«
»Na ja«, sagt Steffi gedehnt und steht auf. »Wenn die Hormone überlaufen, versprechen die Jungs viel. Mit siebzehn braucht ihr noch nicht an die Silberhochzeit zu denken. Wichtig ist, dass er zahlt, und zwar bitte etwas regelmäßiger als dein Vater, bevor er sich auch noch besoffen ans Steuer gesetzt hat. *Das* kann ich nämlich nicht auch noch übernehmen, wie du dir denken kannst.«
»Vincent hat mir nichts versprochen«, korrigiert Nina. »Weil er es nämlich noch gar nicht weiß. Ich muss ihm das schonend beibringen.«
»Schonend, okay.« Ihre Mutter nimmt ihre Ledertasche vom Stuhl und legt ihren weißen, ultralangen Fransenschal um den Hals. »Gut, dass du das sagst, damit ich dir nicht zuvorkomme. Also, ich drück dir die Daumen, Süße. Wir sehn uns heute Abend.« Damit drückt sie Nina einen Kuss auf die Lippen, schlüpft in ihre Jacke und geht.
Nina wischt sich den Mund ab und frühstückt zu Ende, jetzt isst sie doch ein Stück Honigbrot, schon um den strengen Ge-

ruch von Steffis Lippenstift zu übertönen, der ihr sonst nie aufgefallen war. Dann räumt sie das Geschirr in die Spüle, packt sich einen Apfel und ein paar Kekse in die Schultasche. In ihrem Zimmer bleibt sie lange vor dem Kleiderschrank stehen. Noch passen ihr alle Hosen, nur bei den ganz engen wird es mit dem Reißverschluss schon schwieriger. Nina entscheidet sich für eine Röhrenjeans aus hellblauem Stretchdenim und einen langen Pullover, über dem sie einen breiten Gürtel tragen kann; noch geht es, noch sieht man ihr die Schwangerschaft nicht an. Aber in ein paar Wochen wird ihr Bauch wachsen, und jeder wird sie darauf ansprechen.

»Aber das packe ich«, sagt sie zu ihrem Spiegelbild und schiebt sich einen Haarreifen auf die glänzenden Haare. »Die können mir gar nichts, solange Vincent zu mir hält.«

Wenige Augenblicke später tritt sie auf die Straße, an der frischen Luft spürt sie ihre Übelkeit kaum noch und kommt pünktlich in der Schule an. Im Klassenraum setzt sie sich gleich auf ihren Platz und legt ihr Schreibzeug und die Bücher für die erste Stunde bereit. Nach der Entbindung wird es schwierig genug sein, für die Schule zu lernen; besser, sie poliert ihre Noten vorher noch etwas auf. Eine große Leuchte ist sie in keinem Fach, sie kommt mit lauter Dreien gerade so durch, die Vieren in Physik und Chemie dürfen nicht noch weiter absacken. Aber jetzt steht Deutsch auf dem Plan. Ninas Sitznachbarin Charlotte neigt sich ein wenig zu ihr vor.

»Hast du die Hausaufgabe?«, fragt sie im Flüsterton. Nina nickt. An der Zusammenfassung der Kurzgeschichte von Hemingway hat sie lange gesessen.

»Wenn du willst, kannst du sie abschreiben, aber mach schnell. Wenn du erwischt wirst, sind wir beide dran.«

»Schon gut, will ich gar nicht.« Charlotte richtet sich wieder auf. »Ich dachte eher, du hast sie nicht. Kommt ja bei dir öfter vor.«

Nina zuckt mit den Achseln und schweigt, sie weiß, warum Charlotte so etwas sagt. Kurz nachdem es damals mit Vincent aus gewesen war, hatte sich Nina ein paarmal mit ihrem Klassenkameraden Tobias getroffen, der während der gemeinsamen Klassenfahrt immer wieder ihre Nähe gesucht hatte – und in den war Charlotte damals verknallt. Sie hat Nina nie verziehen, dass sie sich mit Tobias abgegeben hat, obwohl Nina ihr später mehrmals erklärt hat, dass sie mit Tobias nur befreundet sein wollte, nicht mehr. Sie hatte damals Vincent vermisst, konnte es sich jedoch nicht eingestehen, war mit sich selbst im Unreinen, hatte sich gehasst wie niemanden sonst auf der Welt, wusste nicht, was sie wollte, einen Freund haben oder nicht, Vincent zurückgewinnen oder sich neu verlieben, und als sie von Sophia hörte, dass Vincent wieder eine Freundin hatte, wurde Nina von dem Gefühl überrollt, ganz allein auf der Welt zu sein.
Mit Charlotte hatte das alles nichts zu tun, und da Nina nicht einmal mit ihr befreundet ist, empfand sie der Klassenkameradin gegenüber auch keine Schuld. Tobias hatte allerdings mehr von Nina gewollt. Aus ihm und Charlotte war nie etwas geworden.
»Nina, du schaust gerade so verträumt«, spricht die Lehrerin sie an. Deutsch hat die 10c bei der Klassenlehrerin Frau Bock, die sie schon seit der Siebten haben. Frau Bock kennt jede Regung ihrer Schülerinnen und Schüler, keine noch so kleine Stimmungsschwankung entgeht ihr. Die meisten aus der Klasse stöhnen darüber, doch Nina war schon oft dankbar für das Einfühlungsvermögen und die mütterliche, zuwendende Art ihrer Lehrerin. »Bist du noch nicht ganz wach? Na komm, wenn du uns deine Inhaltsangabe vorliest, bist du hinterher gleich viel frischer.«
Nina nickt und schlägt ihren Hefter auf, um sie herum wird alles still. Sie hasst es, so beobachtet zu werden. Ihre ersten Sätze

kommen noch stockend, doch dann begegnen ihre Augen dem aufmunternden Blick ihrer Lehrerin; was sie bis hierhin vorgelesen hat, scheint zumindest nicht schlecht gewesen zu sein. Nina liest weiter, und jetzt ist sie auch ganz und gar in der Geschichte drin, es geht darin um den Sohn eines Arztes, der seinem Vater bei der Kaiserschnittentbindung einer Indianerfrau assistieren muss – ohne Betäubung. Ein Albtraum. Nina ist froh, dass sie jetzt lebt und nicht in der vorsintflutlichen Zeit, in der Hemingways Geschichte spielt. Wenn diese Squaw *das* geschafft hat, wird sie ihr Baby erst recht zur Welt bringen können. Es ist ja noch lange hin.
»Sehr schön, Nina.« Frau Bock macht sich einen Vermerk in ihr Notizbuch. »Das war dein bestes Ergebnis seit Langem. Weiter so. Hat jemand noch etwas zur Ergänzung vorzutragen?«
Ein paar Leute melden sich, und Nina versinkt wieder in ihre eigene Welt, wo sie bis zur großen Pause auch bleibt. Sie denkt an Vincent und an das Kind, von dem sie ihm noch nichts erzählt hat und auf das sie sich so freut.
Auf dem Schulhof stellt sie sich zu ein paar Leuten aus der Parallelklasse, aber auch Tobias ist dabei und ein paar andere Jungen, die oft blöde Sprüche machen. Die Gesichter der Mädchen bleiben regungslos, als Nina erscheint.
»Hey, Nina«, wirft einer der Jungen in die Gruppe, Nina hat nicht einmal mitbekommen, wer. »Wo hast du deine vielen Miniröcke gelassen? Ist wohl doch noch zu kalt, wie? Schade, wir wollten so gerne deine hübschen Beine sehen.«
»Und den Slip!«, feixt ein anderer. »Ich hab mich schon so drauf gefreut, dass du dich mal bückst! Verrätst du uns, was für einen du drunter hast?«
»Blödärsche«, zischt Nina zurück und beißt in ihren Apfel. »Wenn du es genau wissen willst: Ich hab gar nichts drunter. Bist du nun zufrieden?« Sie dreht sich um und verschwindet, versucht vor sich

selbst und allen anderen zu verbergen, wie sehr sie die Worte der Jungen verletzt haben. Dass sie keinen Slip trägt, stimmt natürlich nicht, doch seit der Geschichte mit Tobias und Charlotte hat sie in der Schule den Ruf weg, sich mit jedem Jungen einzulassen. Ihre einzige Möglichkeit, damit umzugehen, ohne verrückt zu werden, ist, zotige Sprüche schlagfertig zu kontern. Sie sehnt sich nach Vincent. Die anderen aus der Klasse bekommen bestimmt ihren Mund nicht mehr zu, wenn Nina eines Tages mit einem Baby im Arm aufkreuzt, um sie zu besuchen. Mutter zu werden, das hat hier noch keiner geschafft. Wenn alle mitbekommen, dass Vincent und sie eine kleine Familie gegründet haben, werden sie schnell verstummen. Nie mehr wird Nina allein sein, wenn das Baby erst da ist. Nie mehr.

Der Rest des Schultages verläuft ohne größere Zwischenfälle, nur bei den Versuchen im Chemieunterricht kehrt die Übelkeit zurück, und Nina schleicht noch während der Stunde zur Toilette. Als die letzte Stunde vorüber ist, kauft sie sich am Imbissstand neben der Schule eine Portion Chinapfanne mit Reis und Gemüse, die verträgt sie immer gut. Mit dem Bus fährt sie nach Hause.

Die Stille in der Wohnung umfängt Nina wie ein Mantel, der zwar wärmt, aber auch kratzt. Alles sieht so aus, wie sie es am Morgen verlassen hat, Steffi wird erst am frühen Abend zurück sein. Nina holt sich ein Glas Milch aus dem Kühlschrank und trinkt es in einem Zug leer. In ihrem Zimmer stellt sie die Schultasche neben ihren Schreibtisch, richtet sich wieder auf, streicht mit der Hand über die Tischplatte. »Dich muss ich bald zum Wickeltisch umfunktionieren«, sagt sie in die Lautlosigkeit hinein, »dann ist es vorbei mit der Schule und ich bin nur noch Mama. Endlich.«

Eine Weile überlegt Nina, was sie tun könnte, schickt eine SMS an Vincent und eine an ihre Freundin Sophia, spürt schließlich, wie müde sie vom Unterricht ist, und legt sich in ihr Bett. Steffi hat gesagt, in den ersten Schwangerschaftswochen sei auch sie ständig müde gewesen. Es dauert nicht lange, bis Nina die Augen zufallen und sie tief und gleichmäßig atmet.

Als sie aufwacht, dämmert es bereits, aus der Küche vernimmt sie das gleichmäßige, tiefe Summen des Kühlschranks, sonst ist immer noch alles still. Ein paar Augenblicke lang überlegt Nina, ob es morgens oder abends ist, schaut auf die Leuchtziffern des Radioweckers auf ihrem Nachttisch. Schließlich schlägt sie doch ihre Decke zurück und steht auf, am Nachmittag ist ihr nie schlecht, aber sie hat Durst und fröstelt ein bisschen. Nachdem sie eine zimmerwarme Cola getrunken hat, ruft sie Vincent an.

»Kannst du noch herkommen?«, fragt sie ihn, sobald er sich gemeldet hat. Am anderen Ende hört sie ihn leise lachen, er hört sich glücklich an, darüber, dass sie anruft.

»Klar kann ich«, sagt er. »Ich bin jetzt noch bei Marcel, wir haben an seinem Fahrrad herumgeschraubt und neue Farbdosen besorgt. Aber in einer halben Stunde bin ich bei dir.«

Erst jetzt schaltet Nina in allen Räumen das Licht ein und stellt Musik an im Wohnzimmer. Wenn Steffi nach Hause kommt, muss sie sie wieder ausschalten, weil in ihrem Jeansshop den ganzen Tag laute Rockmusik läuft. Dann streift sie durch die Wohnung und räumt weiter auf, nimmt benutzte Gläser vom Couchtisch, legt ein paar CDs in ihre Hüllen zurück, putzt den Badezimmerspiegel. Die ganze Zeit stellt sie sich vor, es wäre nur ihre und Vincents Wohnung, im Zimmer nebenan würde das Baby schlafen und er käme gleich von der Arbeit zurück, um mit Nina zusammen zu essen. Ihre Einsamkeit wäre vorbei, niemand würde mehr über sie lästern, und wenn doch, würde Vincent ihnen die Meinung sagen, und ihre junge kleine Familie wäre eine Burg, die durch nichts und niemand zu erschüttern wäre.

Ninas Handy vibriert in ihrer Hosentasche, ihre Mutter hat eine

SMS geschickt, sie schreibt, dass sie nach der Arbeit noch mit ihrer Kollegin ein Bier trinken gehen möchte. Nina schreibt zurück und wünscht ihr viel Spaß, dann blättert sie durch die Galerie ihres Telefons, bis sie ihr Lieblingsfoto gefunden hat, ein Bild von Vincent, auf dem er sie anlächelt.

»Selbst wenn du nicht zu unserem Kind stehst«, sagt sie und haucht einen Kuss auf das Foto, »werde ich es lieben, weil es von dir ist. Egal, was passiert, es wird mich immer an dich erinnern und uns für alle Zeit miteinander verbinden.«

Dann blickt sie auf ihre Uhr, er muss gleich hier sein. Kerzen fehlen noch, denkt sie, dann wird es noch gemütlicher. Und eigentlich könnte Vincent hier mit einziehen, wenn das Baby kommt. Steffi ist ohnehin fast nie da.

FÜNF

Vincent weiß, was passiert ist, noch ehe Nina es ihm sagt, er kennt die Symptome. Ihre Müdigkeit, die größere Brust, die veränderte Stimmung. Er spricht sie nicht darauf an, vielleicht müsste er es tun, aber er packt es nicht. Bevor die Angst vor all dem, was nun kommen wird, sich in ihm breitmacht, schiebt er seine heimliche Gewissheit lieber weg. Ganz weit weg. Es kann doch nicht sein, dass sie selbst noch nichts ahnt, wo es doch ihr Körper ist; zumindest die ausbleibende Regel kann Nina nicht entgangen sein. Wann und wie es passiert sein kann, ist Vincent ein Rätsel, sie haben immer verhütet, kein einziges Mal das Kondom vergessen. Aber Nina bleibt vollkommen ruhig, während Woche um Woche vergeht. Sie haben noch nicht einmal darü-

ber gesprochen, ob sie wieder richtig zusammen sind. Aber beide sind ausgehungert nach Zärtlichkeit und nacheinander.
Die Linde vor dem Fenster in Ninas Zimmer steht schon in hellgrünem Laub, als er wieder einmal neben ihr liegt und seine Hand über ihren Körper fährt, über die zarte Haut an den Oberarmen, dem Brustansatz, er streichelt Ninas schlanke Taille, den Bauch. Zwischen ihrer Scham und dem Nabel lässt er seine Hand ruhen.
»Hier fühlst du dich fester an«, sagt er und drückt seine Finger ein wenig in die Haut. »Runder und praller. Viel Zeit ist nicht mehr. Warst du denn schon zur Beratung?« Plötzlich beginnt sein Herz wie wild zu pochen.
Nina stützt sich auf ihre Ellbogen. »Wieso Beratung?«
Er zieht seine Hand weg. »Mach mir nichts vor«, sagt er, »ich weiß, dass du schwanger bist. Aber wenn du es wegmachen lassen willst, brauchst du einen Beratungsschein, das kannst du nicht ewig vor dir herschieben. Da müssen bestimmte Fristen eingehalten werden, genau weiß ich es nicht mehr, aber jedenfalls so, dass du dem Arzt klarmachst, dass du dir alles genau überlegt hast. Und bis zum Abbruch dürfen nicht mehr als zwölf Wochen …«
»Du bist ein echter Vollprofi«, erwidert Nina. »Aber stell dir vor, ich brauche keine Beratung. Ich bekomme das Kind. Und die zwölf Wochen sind längst vorbei.«
»Du bekommst … was?« Vincent hat das Gefühl, als ob er von einem Strudel aufgesogen wird, immer tiefer, durchgewirbelt und in eine andere Welt gerissen, in der er nicht mehr bei sich selber ist, körperlos, schwebender Teil eines Albtraums, einer von der Sorte, in der man vor irgendetwas fliehen möchte und nicht von der Stelle kommt, sosehr man es auch versucht. Das ist jetzt alles nicht wahr, denkt er und braucht doch nur in Ninas Gesicht zu schauen, um zu erkennen, dass es nichts Wahreres gibt. Ihm ist

schwindlig, er möchte aufwachen und hören, dass es ein Scherz war. Dass es gar nicht stimmt. Dass er sich verhört hat und Nina nur etwas an Gewicht zugelegt hat, einfach so.
»Ein Baby …« Nina legt nun ihre Hand auf den Unterleib, der sich kaum sichtbar wölbt. »So ein kleines, süßes, das immer bei mir ist und das ich lieb haben kann, und umgekehrt liebt es mich auch. Wenn es erst da ist, werde ich es bestimmt den ganzen Tag knuddeln.«
»Meinst du nicht«, beginnt Vincent verzweifelt, »dass wir beide darüber gemeinsam entscheiden sollten? Immerhin ist es ja auch mein Kind.«
»Es ist meine Entscheidung«, betont Nina, und nichts an ihrem Tonfall deutet darauf hin, dass sie über seine Zweifel böse wäre. »Das müsstest du eigentlich noch von damals wissen, als Carolin schwanger war. Der Vater hat dazu gar nichts zu sagen.«
Vincent setzt sich auf, lehnt sich hinter Ninas Füßen an die Wand und verharrt lange so, unfähig, sich zu bewegen. Streift Nina noch kurz mit seinem Blick, doch er erträgt es nicht, wie sie vor sich hin lächelt, als wäre das alles etwas ganz Wunderbares, das mit dem Baby. Als wären sie keine Schüler, siebzehn und sechzehn Jahre alt, die jeder mit fünfzig Euro Taschengeld im Monat auskommen müssen, sondern ein jung verheiratetes Paar mit festem Einkommen und komplett eingerichteter Dreizimmerwohnung, in der die werdenden Eltern abends schon manchmal vor der Stubenwiege stehen und sich ausmalen, wie wundervoll bald das Leben zu dritt sein werde. So ist es bei ihnen doch einfach nicht! Es ist schon einmal schiefgegangen zwischen ihm und Nina, und dass sie sich vor ein paar Wochen wieder ineinander verliebt haben, heißt doch noch nicht, dass es gleich für eine Familie reicht. Das muss Nina doch klar sein.
Sie schweigen lange, jeder in seine Gedanken versunken. Schließlich steht Nina auf und geht zur Toilette. Als sie zurück-

kommt, hat Vincent seine Schuhe angezogen und greift gerade nach seiner Jacke, die über einem Stuhl hängt.

»Du willst weg?«, fragt sie und ist mit zwei Schritten bei ihm, um sich an ihn zu lehnen, die Arme um seine Hüften geschlungen. »Du hast mir noch nicht mal gesagt, dass du dich freust. Ein Kind von uns beiden, Vincent, glaubst du nicht, dass das … irgendwie Schicksal ist? Dass es so sein soll?«

»Schicksal!« Vincent schnaubt. »Was glaubst du eigentlich, was mir jetzt blüht, he? Hast du dir darüber mal Gedanken gemacht? Ich muss es meinen Eltern sagen, dass ich Vater werde. Und das, nachdem sie mir damals bei Carolin schon einen Vogel gezeigt haben, als ich meinte, sie wolle das Baby vielleicht bekommen, ganz am Anfang noch. Die erklären mich doch für verrückt, du weißt doch, wie meine Mutter drauf ist, und Olaf ebenso! Die ganze Diskussion, die ich damals hatte, fängt wieder von vorne an, und wenn sie mich nur auslachen und uns jede Unterstützung verweigern, kann ich noch dankbar sein, das kannst du mir glauben. Vielleicht schmeißen sie mich auch raus! Und Mara … Mara, der ich alles anvertraue, alles, und die sich so gut mit Carolin angefreundet hat. Wie soll ich ihr gegenübertreten, kannst du mir das mal verraten? Ganz zu schweigen von Carolin selbst.«

»Ach. Seid ihr doch noch zusammen?«

»Was weiß denn ich!«, schreit er, wirft die Hände in die Luft und schlägt sie vor sein rotes Gesicht. »Die Schwangerschaft, die Abtreibung, das war alles kein Ponyhof für uns, kapierst du das nicht? Wir brauchen nach der ganzen Scheißgeschichte ein bisschen Abstand voneinander, aber es ist nicht so, dass wir uns hassen.« Er schüttelt den Kopf.

»Du liebst sie.« Nina lässt ihn los und veschränkt die Arme vor der Brust. »Mehr als mich. Gib's ruhig zu, du hättest lieber mit Carolin ein Kind als mit mir.« Bei dem letzten Satz sieht er Tränen in ihre Augen schießen.

»Ach, Scheißdreck!« Er schreit noch immer. »Darum geht es doch überhaupt nicht, Nina! Von niemandem will ich jetzt ein Kind, kapier das doch! Verdammt noch mal, ich bin nicht mal volljährig! Was habe ich einem Baby denn zu bieten?«
»Entschuldige.« Sie wischt sich mit dem Mittelfinger eine Träne aus dem inneren Augenwinkel. »Ich hab's nicht so gemeint. Vielleicht bin ich im Moment einfach ein bisschen empfindlich.«
»Das auch noch.« Er nimmt mit der Hand seine langen Haare im Nacken zusammen und lässt sie wieder los. Immerhin brüllt er sie nicht mehr an. »Ich hab für so was absolut noch keinen Nerv, verstehst du? Kein Stück.« Er schluckt, spürt jetzt selber einen Kloß im Hals, und nicht nur, weil er eigentlich kein Mädchen weinen sehen kann. Als sie erneut aufs Bett sinkt und nach seiner Hand greift, lässt er es zu. »Das ist doch alles Wahnsinn, Nina«, fügt er hinzu wie mit einem dicken Belag auf der Stimme. »Für dich doch auch, du hast doch auch noch nichts fertig, Schule oder Ausbildung. Denk doch noch mal drüber nach. Hast du es deiner Mutter überhaupt schon gesagt?«
Nina nickt und blickt auf ihre Füße. »Aber sie hat mich auch mit achtzehn bekommen, also hat sie mir keine Moralpredigt zu halten.«
»Und deshalb meinst du, es ist alles in Ordnung.« Vincent stößt Luft aus seiner Nase und schüttelt den Kopf. »Verdammt, Nina!« Er zieht sich die Jacke an. »Manchmal kannst du einen ganz schönen Mist verzapfen.«
Er schlüpft in seine Jacke und wirft erst ihre Zimmertür, dann die Wohnungstür hinter sich zu, ohne sich zu verabschieden. Dann rast er die Treppe hinunter, reißt auch die Haustür auf, als würde er gejagt, nur raus, nur allein sein.
Völlig außer Atem kommt er wenig später am Kanal an. Heute ist die Liegewiese belebt, die Schatten der Bäume sind noch kurz, Vincent beneidet die Leute, die auf ihren Handtüchern

oder Decken in der Sonne entspannen, auf dem Rücken liegend und das Gesicht in der Sonne, die jetzt im Mai schon richtig aufheizt. Er möchte tauschen mit denen, die ein Buch lesen, den Nacken mit dem zusammengerollten Pullover gestützt, jetzt am Nachmittag genügt ein T-Shirt am Leib. Auch er zieht seine Jacke wieder aus und bindet sie um die Hüften. Doch am Kanal will er nicht bleiben, hier erinnert ihn alles an den Abend mit Nina, er kann kaum glauben, was sie ihm eben an den Kopf geknallt hat. Das ist doch nicht meine Nina, denkt er, meine unbekümmerte, süße Nina, mit der ich Seilbahn gefahren bin und die mich gesucht hat, weil sie ahnte, dass es mir beschissen ging. Wenigstens für eine Stunde oder etwas mehr will er nicht an sie denken, auch nicht an Carolin, er muss seinen Kopf freibekommen, alles sortieren.

Doch je länger er herumstreicht, desto weniger gelingt es ihm; auch am Fußballplatz kommt er vorbei, und das macht es nur schlimmer, weil er sich hier zum ersten Mal mit Carolin verabredet hat. Alles in dieser Stadt scheint er mit seinen Freundinnen zu verbinden, er hatte bisher nur zwei und fühlt sich dennoch, als drücke die Last der ganzen Welt auf seinen Schultern. Im Moment könnte er nicht einmal malen, weil nur ein dunkles Knäuel sich gegenseitig verderbender Farben dabei herauskommen würde, so wie früher als Kind bei den ersten Tuschversuchen in der Schule, wo er Rot und Grün mischen wollte und statt der leuchtenden Fantasiefarbe, die er im Kopf vor sich gesehen hatte, nur ein enttäuschendes schmutziges Schlammbraun entstanden war.

Irgendwann kommt er an ein stillgelegtes S-Bahn-Gleis; hier hört er nur den sanften Frühlingswind durch die hohen Gräser streichen, sonst ist alles ruhig. Einige Hundert Meter weit wandert er über unkrautbewucherte Schwellen, balanciert auf den Schienen und legt sich rücklings dazwischen. Weiße, fedrige Wolken

ziehen über seinem Gesicht den blassblauen Himmel entlang. Ein silbern schimmerndes Flugzeug taucht darin ein und wieder heraus, zieht einen weißen Streifen hinter sich her, der sich langsam auflöst, als Vincent das Motorengeräusch nicht mehr hört. Er stellt sich vor, in diesem Flieger zu sitzen und abzuhauen auf die andere Hälfte der Erdkugel, irgendwohin, wo ihn nichts mehr verfolgt, keine Mädchen, keine Probleme und keine Familie. In die Sonne fliegen, an einem fernen weißen Strand entspannen oder Abenteuer erleben, Bergsteigen oder eine Wildwasser-Kanufahrt, das wäre es. Mal etwas ganz anderes machen als immer denselben täglichen Sumpf, stattdessen ausprobieren, suchen, herausfinden, welches der Weg ist, den er selber gehen will, nur er von sich aus und nicht, weil jemand anderes es von ihm erwartet. Irgendwo sein, wo niemand an ihm zerrt, er fühlt sich auch ohne den Gedanken an ein Baby schon fremdgesteuert genug, weil jeder etwas von ihm verlangt, seine Eltern, die Lehrer, Carolin. Und jetzt Nina.
Der Gedanke an ein Baby. Ein Kind mit Nina. Vincent verschränkt die Arme über seinem Gesicht und stellt sich vor, dieses Bahngleis wäre nicht stillgelegt, sondern er würde den herannahenden Zug hören, ein dunkles Grollen in der Ferne wie von einem heraufziehenden Gewitter, dann schärfer, metallischer, würde hier liegen bleiben und regungslos verharren, mit klopfendem Herzen, Angstschweiß auf seiner Stirn, während der Zug näher kommt, größer wird, auf ihn zu rast wie ein gigantisches Ungetüm, ein Monster aus Stahl, vielleicht würde er schreien, aber niemand könnte ihn hören, weil seine Stimme nicht ankäme gegen das Tosen der schweren Räder, der kreischenden Bremse …
Unsinn, denkt Vincent. Ein Baby ist kein Grund, sterben zu wollen, und er lebt auch viel zu gerne. Aber er bleibt liegen, nimmt nur die Arme wieder von seinem Gesicht. Das Flugzeug

ist irgendwo in das endlose Blau des Himmels eingetaucht, weit weg von ihm, er stellt sich vor, wie die Passagiere hoch über den Wolken in diesem Augenblick ein Getränk serviert bekommen, sich 8000 Meter über ihm unterhalten, auf den sonnigen Mainachmittag hinunterblicken, die Sicht ist heute so klar, dass es beinahe in den Augen schmerzt. Vielleicht blickt irgendjemand hinunter und stellt sich vor, dass überall in den Häusern unten Menschen lieben und streiten, Babys geboren werden und alte Leute sterben, Unfälle passieren und Krankheiten ausbrechen, Paare zusammenkommen und auseinandergehen, und jeder Einzelne nimmt sich selber als etwas ganz Besonderes wahr und ist doch nur eine unbedeutende winzige Kreatur auf dieser Erde, die nicht einmal selber besonders groß ist im Vergleich zum Universum.

Und doch … auf dieser Erde lebe ich ja, denkt Vincent, und das noch gar nicht mal lange; das meiste liegt hoffentlich noch vor mir. Und jetzt soll ich Vater werden. Dass Nina mich nicht einmal fragt, was ich möchte, ist gemein. Egoistisch. Selbstsüchtig, genau wie sie damals Schluss gemacht hat, weil sie glaubte, sie hätte sich verändert. Nur weil sie sich langweilt und keine Ahnung hat, was sie nach der Schule werden will, soll ein Kind her. Vielleicht kann ich sie doch noch überreden, es wegmachen zu lassen. Es passt noch weniger als vor einem halben Jahr mit Carolin.

Inzwischen steht die Sonne schräg und ein leichter Wind ist aufgekommen, eine Gänsehaut richtet die Härchen auf Vincents Unterarmen auf. Er rappelt sich hoch und geht weiter, noch immer ziellos, aber er will auch kein Ziel haben, denn er spürt, dass es ihm guttut, einfach nur draußen zu sein und nachzudenken. Wenn er mit Nina geredet hat und sie das Baby doch nicht bekommt, kann er ihr gleich die Adresse der Ambulanz nennen, wo er mit Carolin war, und dann …

Es geht nicht. Noch ehe er den Gedanken zu Ende gedacht hat, sieht er sich selbst wieder in diesen Warteräumen sitzen, sieht Nina im Operationssaal verschwinden und hört im Hintergrund das metallische Klirren der Instrumente, sieht sie aufwachen, noch nicht wieder ganz bei sich und schon gar nicht bei ihm, dafür innerlich auf zwei verschiedene Arten wund, sieht sich selbst mit ihr vor dem Arzt sitzen, der nur mit seinem Blick sagt: Kennen wir uns nicht, junger Mann, und dann Nina mit einem verwunderten Blick streift, letztes Mal war es doch ein anderes Mädchen? Er sieht die OP-Schwester, die etwas in den Müll wirft, einen undefinierbaren blutigen Klumpen, der eben noch gelebt hat und hätte weiterleben können, so wie er selber auch lebt, wie Nina lebt und wie Carolin. Und er sieht das Ultraschallbild von Carolins Embryo, dieses schwarz-weiße, unscharfe Bild, auf dem er aber doch alles genau erkannt hatte, sobald es ihm gezeigt und erklärt worden war. Es ist noch so gegenwärtig in ihm, dieses Bild, das jetzt wahrscheinlich irgendwo unkenntlich geworden im Dreck liegt, noch immer an den längst geplatzten oder erschlafften Luftballon gebunden, verloren, aus den Augen getrieben, vergessen; nein, vergessen nicht, jedenfalls ganz sicher nicht von ihm und von Carolin, die immerfort nach ruheloser Ablenkung sucht. Sie hatten ihn schon ein bisschen lieb gehabt, den Winzling in ihr; einmal hatte Carolin gesagt: mein kleiner Schmetterling.
Es kann nicht ewig so weitergehen, denkt Vincent und spürt einen Kloß in seinem Hals, der immer breiter wird. Es ist einfach unmöglich. Selbst wenn Nina und er zu einem anderen Arzt, in eine Praxis am anderen Ende der Stadt gehen würden – noch einmal schafft er das nicht. Es können nicht zwei Kinder von ihm in einem knappen halben Jahr weggemacht werden, wie viele denn noch, er weiß doch, dass dies keine Verhütungsmethode ist. Zweimal hintereinander ein Stück des eigenen Lebens und der Liebe töten, das hält er nicht durch.

In seinem Hals spürt er jetzt ein leichtes Kratzen, auch seine Füße tun weh. Seine Eltern und Mara sitzen sicher schon beim Abendessen, Panik ergreift ihn, sobald er sich vorstellt, dabei zu sein. Er greift in seine Hosentasche und wühlt nach seinem Handy, doch als er bemerkt, dass er es nicht mitgenommen hat, atmet er erleichtert aus. Dennoch schlägt er jetzt den Weg zurück nach Hause ein; an einem Imbissstand in der Fußgängerzone kauft er sich eine Rostbratwurst und ein Bier. Während er kaut und immer wieder einen Schluck aus dem durchsichtigen Plastikbecher nimmt, entschließt er sich, zurück zu Nina zu gehen. Es hilft nichts, sich weiter den Kopf zu zermartern. Nina ist entschlossen, und er wird nichts daran ändern können. Alles, was er jetzt tun kann, ist, Schritt für Schritt durch den Albtraum zu gehen, den er sich selber aufgeladen hat. Er muss mit allen reden, die Ninas Schwangerschaft etwas angeht. Er muss sich drauf vorbereiten, dass er jetzt Vater wird. Er muss Vater werden. Einen anderen Weg gibt es nicht, weder für Nina noch für ihn.

Nina sieht nicht überrascht aus, als er vor ihr steht, doch an ihren Augen sieht er, dass sie geweint hat. Noch etwas zögerlich schließt er seine Arme um sie und spürt ihre Erleichterung, als sie sich an ihn lehnt und seine Umarmung erwidert.

»Also gut«, sagt er. »Ich habe nachgedacht, Nina. Dann kriegen wir jetzt also ein Kind.«

Minutenlang verharren sie so, nicht einmal die Wohnungstür haben sie hinter sich geschlossen. Vincents Herz hämmert hart gegen seine Brust, nachdem er seinen Satz ausgesprochen hat. Jetzt hat er es gesagt, nun kann er nicht mehr zurück, gleichzeitig scheint sich eine Schale um einen Teil seiner Seele zu schließen. Er fühlt ihren Körper dicht an seinem, fühlt die Wärme darin, ahnt, dass in ihr alle nur denkbaren Gefühle im Schleudergang durcheinanderwirbeln, doch er selbst kommt sich vor, als wäre er jemand anderes, als fände das alles hier ohne ihn statt. Wir kriegen ein Kind. Obwohl er seine eigene Stimme diesen Satz aussprechen gehört hat, glaubt er es noch nicht, es ist alles so unwirklich. Das Kratzen in seinem Hals wird schlimmer, er räuspert sich, doch auch dadurch verschwindet es nicht. Nina löst ihren Kopf von seiner Brust und sieht ihn an, ihre Wimpern sind nass.

»Ich wusste, dass du mich nicht hängen lässt«, sagt sie. »Unser Kind wird bestimmt total süß. Am liebsten hätte ich ein Mädchen, das dir ähnlich sieht. Sie könnte Cheyenne heißen, gefällt dir der Name auch?«

»Bitte ...«, murmelt Vincent und möchte sich aus der Umarmung winden, wagt es jedoch nicht. Nina ist schwanger von ihm und war bis eben noch verzweifelt, sie braucht ihn jetzt. Gerade erst hat er angefangen, sich der Situation zu stellen, da kann er nicht gleich kneifen, wenn sie ihm einen Traum erzählt. Trotzdem möchte er sie ein wenig bremsen. »Bitte, Nina, nicht schon den Namen. Das ist doch alles noch so lange hin, ich muss das erst mal verdauen.«

»Noch etwas mehr als fünf Monate. Die werden schnell vergehen. Und dann sind wir eine kleine Familie.«

Vincent erschrickt, fünf Monate sind wirklich nicht viel. Vorsichtig löst er jetzt doch seine Arme von ihr, von innen schwillt seine Nase zu und in der linken Schläfe beginnt es zu pochen. Im selben Augenblick tritt Ninas Mutter aus dem Wohnzimmer zu ihnen in den Flur.

»Hab ich doch richtig gehört«, sagt sie und nickt Vincent zu, gibt ihm jedoch nicht die Hand. »Der werdende Papa. Da habt ihr euch ja schön was eingebrockt, ihr zwei. Dann seht mal zu, wie ihr klarkommt.«

»Hör auf, Mama.« Sie wendet sich wieder an Vincent. »Komm, wir gehen in mein Zimmer, ich muss dir was zeigen. Willst du was trinken?«

Aber Vincent will nichts trinken und nichts gezeigt bekommen.

Für heute will er nur noch weg. Sein Hals und seine Beine schmerzen, und es dämmert ihm, dass das nicht nur von seinem stundenlangen Fußmarsch kommt. Er hat Nina versprochen, dass er zu dem Kind steht, mehr schafft er heute nicht. Eigentlich ist ihm das allein schon zu viel, er muss es erst einmal selber verarbeiten. Bemüht, nicht ungeduldig zu wirken, sieht er ihr fest in die Augen.
»Ich geh lieber«, meint er und streicht ihr sacht mit dem Finger über die Wange. »Ich glaub, ich bekomme ’ne fette Erkältung, war wohl zu lange draußen. Zwischendurch hatte ich die Jacke aus, hab geschwitzt … wie das halt so entsteht.«
»Du kannst auch hierbleiben«, schlägt Nina vor. »Ich koche dir eine heiße Zitrone und dann legen wir uns beide hin.«
»Lieber nicht.« Er hat schon die Hand an der Türklinke. »Ich bin bestimmt richtig ansteckend, das schadet dir nur.«
Nina lächelt. »Hast recht.« Sie drückt ihm einen Kuss auf die Wange. »Unserem Kind darf nichts passieren. Doch ich ruf dich nachher noch mal an, ja?«
Vincent nickt. Aber als er die Tür hinter sich geschlossen hat, weiß er, dass er sein Handy ausschalten wird. Und ans Festnetztelefon wird er auch nicht gehen. Vielleicht lange nicht.

SECHS

Die nächsten vier Tage lang ist Vincent kaum ansprechbar. Noch in der ersten Nacht bekommt er Fieber, das schnell auf beinahe 40 Grad ansteigt und lange so hoch bleibt. In seinem Bett zwischen den ausgeräumten Regalen, die noch nicht wieder an ih-

rem Platz an der Wand stehen, Stapeln von ungeordnetem Papier und hingeworfenen Shirts und Hosen, von denen er nicht mehr weiß, ob sie schmutzig oder sauber sind, dämmert er irgendwo zwischen Licht und Dunkel, wird nur selten richtig wach. Nur für wenige Minuten kann er sich aufrichten und ein paar Schlucke von dem lauwarmen Tee trinken, den seine Mutter ihm auf einen Hocker stellt. Jede Bewegung schmerzt ihn, besonders das Schlucken, das dröhnende Hämmern in seinem Kopf und ein ständiger Hustenreiz hindern ihn daran, über längere Zeit fest zu schlafen. Dafür träumt er wild, mal greifen ausgestreckte Hände nach ihm und reißen an seinen Kleidern, dann versucht er einen Felsen hinaufzuklettern und rutscht immer wieder ab; an einem Meeresstrand schaufelt er wieder und wieder Sand in die herannahenden Wellen, bis er sich in der vergeblichen Anstrengung kaum noch bücken kann. Einmal meint er, im Halbschlaf Carolin an seinem Bett sitzen zu sehen und zu hören, wie sie leise seinen Namen ruft, doch er stellt sich schlafend, er kann niemanden ertragen, will nicht einmal umsorgt werden.
Auch als das Fieber gesunken ist, bleibt er im Bett. Tanja ruft den Hausarzt, der ihm ein Antibiotikum verschreibt und ihm ein Attest für die Schule ausstellt.
»Noch zehn Tage frei«, bemerkt Tanja mit einem Blick auf den gelben Zettel, nachdem der Arzt sich verabschiedet hat. »Nicht schlecht, oder? Aber dich hat's auch ganz schön erwischt. Wo hast du dich denn neulich so lange rumgetrieben? Wieder hinter Nina her oder zu deiner Sprüherei, wie? Und mit der dünnen Jacke. Es ist noch kein Hochsommer, Mensch.«
»Hinter Nina her«, äfft er sie mit einer Grimasse nach, gefolgt von einem erneuten Hustenanfall. »Ist gar nicht wahr. Ich war nur spazieren, weiter nichts.«
»Spazieren«, wiederholt Tanja und schraubt die Thermoskanne auf, um nachzusehen, ob noch genügend Tee für Vincent da ist.

»Einfach so. Normalerweise kriegt man dich kaum aus deinem Zimmer, wenn du nichts Bestimmtes vorhast. Irgendwas muss doch gewesen sein.«
»War es aber nicht.« Vincent zieht seine Bettdecke höher. Er weiß, dass er es Tanja sagen muss. Aber nicht so. Nicht jetzt und mit so wenig Kraft. »Lass mich noch ein bisschen pennen, okay?«
»Du müsstest mal aufstehen, um deinen Kreislauf ein bisschen anzuregen«, erwidert seine Mutter. »In einer halben Stunde gibt es Essen. Heute kommst du mal an den Tisch, danach kannst du dich wieder hinlegen.«
Aber als Vincent die paar Schritte von seinem Zimmer bis in die Küche läuft, wird ihm so schwindlig, dass er sich an der Wand festhalten muss, am Rücken und unter den Achseln fühlt er den Schweiß ausbrechen. Als er endlich am Tisch sitzt, wird es etwas besser, doch auf keinen Fall kann er so schon irgendetwas erzählen. Nach ein paar Bissen Spaghetti murmelt er eine Entschuldigung und geht zurück in sein Bett, wo er sofort wieder einschläft. Dieses Mal träumt er nichts.
Umso heftiger fährt er zusammen, als ein schrilles Geräusch ihn weckt. Er fühlt sein Herz hämmern, die Zimmerdecke scheint sich über seinem Kopf zu drehen, und obwohl er noch gar nicht richtig wach ist, weiß er, dass sich gleich alles ändern wird. Dass sein Bett keine Höhle mehr ist, in der er sich verstecken kann, und dass es unmöglich ist, den Weg, den er sich vorgenommen hat, zu gehen, weiter zu umkreisen, statt sich am Start aufzustellen. Jetzt ist es so weit. Es gibt kein Entrinnen mehr.
Die Tür geht auf und Carolin tritt mit eiligen Schritten an sein Bett, hinter ihr Bianca und Marcel, wie immer Hand in Hand. Carolin legt eine Blume auf seine Bettdecke und greift nach seiner Hand, sie fühlt sich kühl an. Vincent fühlt sich unbehaglich, dass sie ihn so sieht, ungewaschen und noch nach Fieberschweiß

riechend, seine langen Haare kleben am Kopf, bestimmt ist er blass und hat abgenommen. Er fühlt sich Carolin nicht mehr nahe genug, dass sie ihn so sehen dürfte. Krank war er noch nie, seitdem er sie kennt.

»Mara hat mir am Telefon erzählt, dass du Bronchitis hast«, beginnt sie. »Entschuldige, dass ich nicht eher gekommen bin, aber ich habe jetzt zweimal in der Woche Fußballtraining, dazu noch Badminton, Joggen ...«

»Schon gut«, erwidert Vincent knapp. »Kein Thema. Ich hab sowieso nur gepennt.« Müde blickt er Carolin ins Gesicht, ihre Augen wandern schon wieder ruhelos umher, es schmerzt ihn immer noch, dies zu sehen. Erleichtert bemerkt er, dass Marcel Biancas Hand loslässt und Carolin ein wenig zur Seite schiebt, um Vincent näher zu sein. Er setzt sich auf die Bettkante und klopft ihm zaghaft auf die Schulter. Er riecht nach dem Leder seiner schwarzen Jacke.

»Mara hat noch mehr gesagt«, erzählt er mit ruhiger Stimme. »Ich hab nämlich auch schon zweimal angerufen, nachdem dein Handy ständig nur die Mailbox abdudelt und du auch keine SMS beantwortest.«

»Der Akku ist bestimmt leer. Ich sag ja, dass ich tagelang im Halbkoma lag. Sorry, Marcel.« Vincent schließt kurz die Augen, es ist alles so anstrengend.

Aber sein bester Freund sieht ihn unbeirrt an, fährt sich einmal durch das kurz geschnittene braune Haar, boxt Vincent sachte gegen die Brust.

»Deine Schwester glaubt, dass du irgendwas hast und deshalb krank geworden bist. Stimmt das? Hast du Stress?«

Vincent spürt einen Kloß im Hals. Er hat schon lange nicht mehr geheult, das letzte Mal war ihm das passiert, nachdem Nina mit ihm Schluss gemacht hat; sogar auf der Party noch, während er gerade Carolin kennenlernte. Später erzählte sie ihm, dass sie ge-

rade das anziehend gefunden hatte. Einen Jungen, der Gefühle zeigen kann. Und jetzt macht sie selber so dicht. Vor ihr kann er Marcel nichts erzählen. Und auch sonst noch nicht. Nicht so, vor seiner ganzen Clique.
Bianca tritt ebenfalls einen Schritt vor und öffnet den Mund, um etwas zu sagen, aber Marcel gibt ihr ein stummes Zeichen, ohne seinen Blick von Vincent zu lösen, da lässt sie es.
»Ich glaube, wir bequatschen das mal ohne die Frauen, was meinst du, Vincent?«, fragt er.
Bianca beißt sich auf die Lippen, dann zieht sie Carolin am Ärmel in Richtung Tür. »Komm«, sagt sie leise.
»Moment mal«, erwidert Carolin. »Vincent ist mein Freund, und wenn es ihm beschissen geht, dann betrifft mich das auch. Ich lass mich nicht einfach rausschicken.«
Vincent räuspert sich. »Doch, geh mal«, beharrt er. Jetzt geht es los, und Marcel ist genau der Richtige, um als Erster davon zu erfahren. Er fragt sich, warum er nicht von allein daran gedacht hat. »Alle drei, das ist mir sowieso zu viel Besuch. Ich bin noch ziemlich daneben, wie ihr seht. Komm doch lieber mal alleine her, Carolin.«
Der letzte Satz scheint sie etwas zu besänftigen. Einen Augenblick lang sieht sie so aus, als ob sie Vincent einen Kuss geben möchte, besinnt sich dann jedoch anders und bedeutet ihrer Freundin mit einer Kopfbewegung zur Tür hin, dass es wohl wirklich besser sei, zu verschwinden. Als die Mädchen fort sind, steht Vincent auf und öffnet das Fenster. Ein milder Frühsommerwind weht herein, in den letzten Tagen ist es noch wärmer geworden. Vincent hat nichts davon gemerkt. Jetzt richtet er sein Kopfkissen auf und lehnt sich im Sitzen dagegen.
»Mara hat recht«, beginnt er und starrt vor sich hin. »Sie kennt mich so was von genau, ich glaube, vor ihr werde ich nie irgendwas verbergen können. Nicht einmal, wenn ich tagelang schlafe.«

»Dir geht's also wirklich beschissen«, vermutet Marcel und sucht eine bequemere Position. Vincent deutet auf den Stuhl vor seinem Schreibtisch.

»Wie man's nimmt«, sagt er. »Was ich dir jetzt erzähle, ist der absolute Kracher, und wahrscheinlich wirst du mich auslachen und für bekloppt erklären. Aber daran kann ich dann auch nichts ändern.«

»Hört sich ja spannend an.«

»Mir kommt es eher vor wie ein Déjà-vu. Nina ist schwanger.«

»Nina?« Marcel reißt die Augen auf und wendet den Kopf zur Tür, als stünde dort noch immer Carolin. »Wieso Nina, ich denke, na gut, Carolin und du in letzter Zeit … mein Typ war sie noch nie … aber Nina???«

»Frag mich nicht, warum und wieso. Mit Carolin und mir läuft es nicht mehr richtig, das hast du gesehen, und Nina … in sie war ich einfach immer verknallt. Das hat vielleicht nie ganz aufgehört, ich weiß es nicht. Auf einmal war sie wieder da. Für mich da. Und dann ist es passiert.«

»Den ganzen Salat noch mal von vorn. Du bist wirklich nicht zu beneiden.«

»Darum geht es nicht. Nina *bekommt* das Kind. Ich werde Vater, Marcel.«

»Sie …« Marcel starrt ihn an, sein Mund bleibt halb offen stehen, er schüttelt sich, als würden dadurch seine Gedanken neu gemischt, damit er sie anschließend sortieren kann. Vincent sieht, wie er die Fragen, die durch seinen Kopf rattern, schon selbst beantwortet, bevor er sie stellen kann; ob sie nicht verhütet haben, weshalb er nicht mitentscheiden kann, ob das Kind zur Welt kommen wird, was nun aus ihm und Carolin werden soll, wie er sich fühlt. Marcel ist kein Idiot, allzu viele verschiedene Antworten gibt es auf diese Fragen nicht. Es ist passiert, und jetzt wird Vincent Vater. Nach allem, was er durchgemacht hat, auch noch das.

»Kein Wunder, dass du krank geworden bist«, bringt er schließlich heraus. »Scheiße, das ist alles noch viel zu früh. Auch wenn sie vielleicht deine große Liebe ist.«

»Vielleicht«, antwortet Vincent.

»Wenn ich mir vorstelle, Bianca würde … Wahnsinn. Aber wenn du irgendwie Hilfe brauchst, sag's mir. Ich mach dann später auch mal den Babysitter, kein Problem.«

Vincent grinst schwach und wird gleich darauf von einem Hustenanfall durchgerüttelt. »Dann komm aber allein«, sagt er. »Sonst kommt Bianca wirklich noch auf den Geschmack. Ich bin froh, dass du es jetzt weißt. Wenigstens einer, der zu mir hält.«

»Es heißt immer, wenn so ein Baby erst da ist, freuen sich alle.«

»Alle sicher nicht«, erinnert er, und Marcel weiß auch sofort, an wen er dabei denkt.

»Du musst mit ihr Schluss machen«, sagt er. »Bevor ihr Nina mit einem dicken Bauch über den Weg läuft.«

»Eigentlich bin ich noch nicht so weit«, gesteht Vincent. »Aber das muss ich wohl, weiß ich ja selber. Und es wird der schlimmste Schritt von allen. Fast, als ob ich geschlachtet werden soll.«

»Und Nina?«, fährt Marcel fort und steht auf, um das Fenster zu schließen, weil Vincent schon wieder hustet. »Glaubst du, dieses Mal wird es was Längeres mit euch, mal abgesehen davon, dass du sie heiß findest?«

»Im Moment finde ich gar nichts heiß. Ich wünsch mich auf den Mars.«

»Ich komm mit«, sagt Marcel und steht auf, weil Vincent sein Kissen wieder in Liegeposition gebracht hat und erschöpft aussieht. »Mit wem soll ich sonst die Mauern unserer Stadt verschönern?«

»Ich hoffe nicht, dass das alles zu Ende ist, nur weil ein Baby kommt«, entgegnet Vincent mit aufgerissenen Augen.

Marcel lacht. »Das kriegen wir schon hin, verlass dich drauf. Aber jetzt lass ich dich erst mal in Ruhe. Komm bald wieder auf die Beine, Mann.« Er hält seine Hand hoch und Vincent schlägt aus der Liegeposition mit seiner dagegen. Ein wenig leichter ist ihm zumute, aber das war auch der einfachste Teil. Nicht schwieriger als eine Übungsaufgabe in seinem Lieblingsfach Kunst.

»So blöd kann man doch nicht zweimal sein!«, poltert Olaf am darauffolgenden Sonntagmorgen. Vincent ist aufgestanden, hat geduscht und sich angezogen, zum ersten Mal. Beim Frühstück hat er wieder normal gegessen und viel Tee getrunken, hinterher wie üblich mit Mara zusammen den Tisch abgeräumt, doch als seine Eltern ins Wohnzimmer gehen wollten, hat er sie gebeten zu bleiben, er müsse ihnen etwas sagen. Olaf und Tanja haben teils verwunderte, teils finstere Blicke ausgetauscht, um sich schweigend wieder hinzusetzen und abzuwarten. Mara und Vincent haben sich mit an den Tisch gesetzt, und dann hat er es ihnen gesagt. Alles. Minutenlang herrscht nun schon Schweigen am Tisch, nur die Spülmaschine singt unablässig ein leise gluckerndes Lied von einer Alltagsnormalität, die es nicht gibt. Nicht in Vincents völlig verdrehtem Leben. Vielleicht nie mehr. Olaf ist rot im Gesicht, sein Schnauzbart bebt vor Aufregung.
»Einmal, ja«, japst er. Vincent denkt, dass er vielleicht einen hohen Blutdruck hat, beim Taxifahren regt er sich auch immer so auf, über andere Autofahrer, Fußgänger, Radfahrer, Hunde, Besoffene. »Einmal ohne Gummi vor lauter Geilheit, wenn man keinen dabeihat, okay, das haben wir alle gemacht. Ich auch, als ich so alt war wie du. Aber danach«, er fährt sich mit der Hand übers Gesicht, »danach weiß man doch, wie das läuft. Noch dazu, wenn man schon mal … also gerade du, Vincent. Nach allem Schlamassel, den du dir schon eingebrockt hast, und dann

mit dieser Nina, die dich damals von vorne bis hinten veräppelt hat. Gerade du, Junge. Das begreife ich nicht, diese Blödheit.«
»Jetzt sei doch still!«, mischt sich Tanja ein und gibt Olaf einen Schubs gegen die Schulter, so kräftig, dass er auf seinem Stuhl tatsächlich ein bisschen schwankt. »Tu bloß nicht so, als ob *du* immer alles richtig machst, ja? Wenn du mich fragst – das kleine Biest hat ihn verführt. Weiß doch jeder, was die für einen Ruf weghat. Nein, widersprich mir nicht, Junge. Diese Nina, die ist mit allen Wassern gewaschen. Die weiß nämlich ganz genau, dass du eine andere Freundin hast, und da …«
»Mama, so war es nicht!«, ereifert sich Vincent. »Nina ist meine große Liebe, und …«
»Pffffft«, macht Tanja und lacht so schrill, dass Mara zusammenzuckt.
»… und wir *haben* verhütet. Immer. Bloß sogar die Pille ist nicht hundertprozentig sicher.«
»Nina und Pille. Das glaubst du doch selber nicht.«
»Ich meine auch nur, kein Verhütungsmittel ist eine Garantie.«
»Nee, Garantie gibt es nur durch Enthaltsamkeit«, frotzelt Olaf. »Aber damit brauchen wir unserem Sohn nicht zu kommen, das wissen wir ja. Aber Spaß beiseite – du hast gesagt, deine Kleine will das Kind haben. Das ist doch nicht euer Ernst. Oder?«
Vincent strafft seinen Körper, er spürt wieder die Schwäche von den langen Fiebertagen, aber jetzt hat er angefangen. Hinlegen kann er sich später immer noch.
»Nina ist es ernst damit«, sagt er. »Sie ist schon im vierten Monat, bald im fünften. Und ich stehe zu ihr. Genau wie ich zu Carolins Entscheidung gestanden habe.«
»Deshalb lässt sie sich hier nie blicken. Sonst hätte ich längst was gesehen.« Tanja wühlt in ihrer Schürzentasche vergebens nach Zigaretten.
»Schlappschwanz«, brummelt Olaf an Vincent gerichtet. »Sei

doch mal ein Kerl, Mann. *Du* zahlst für das Balg den Rest deines Lebens. Mach nicht immer nur, was die Weiber wollen.«
Vincent schnappt nach Luft, doch jetzt räuspert sich Mara, die einen hoffnungsvollen Blick von ihrem Bruder einfängt.
»Wenn Vincent jetzt Vater wird, braucht er unsere Unterstützung«, sagt sie. »Er hat sich das nicht ausgesucht, trotz allem.«
»Mein Portemonnaie ist zu«, betont Olaf. »Das weißt du, Junge.«
»Jaja.« Vincent setzt sich auf seine Hände. »Ist ja gut. Irgendwie wird es schon gehen, Nina kann mit dem Kind vielleicht bei ihrer Mutter wohnen bleiben, und diesen Sommer macht sie noch ihren Realschulabschluss. Wenn das Kind da ist, will ich so oft bei ihr sein, wie es geht. Am Anfang schläft so ein Baby ja viel, dann kann ich dort auch für die Schule lernen.«
»Das kann was werden.« Tanja langt hinter sich auf die Anrichte, nimmt die Tageszeitung auf und überfliegt die Schlagzeilen. »Aber macht doch, was ihr wollt. Ich sag dazu gar nichts mehr. Meine Meinung kennst du sowieso.«
Auch Olaf schüttelt erneut den Kopf und erhebt sich. »Na dann«, sagt er. »Ich glaube, das müssen wir alle erst mal verdauen, wie? Da ist das letzte Wort noch nicht geflüstert.«
Vincent und Mara nicken, nur Tanja hat abgeschaltet und sucht nach der Seite mit den Sudoku-Rätseln. Darin ist sie unschlagbar, da macht ihr so schnell keiner was vor.
»Oma!«, brüllt Olaf ihr ins Ohr und schlägt sich vor Lachen auf die Schenkel. »Ob das letzte Wort gesprochen ist, will ich von dir wissen!«
»Du hast sie nicht alle, von wegen Oma.« Tanja rammt ihrem Mann den Ellbogen in den runden Bauch und steht auf, um in der Küchenschublade nach einem Kugelschreiber zu suchen. Olaf könnte selber schon im achten Monat sein, so dick ist er. »Ihr habt doch eine Klatsche, aber alle miteinander. Der Opa am meisten, dass ihr es nur wisst.«

Vincent geht in sein Zimmer, und er weiß genau, dass Mara ihm folgt. Als sie allein sind, schließt er die Tür hinter sich. Wieder hängt abgestandene, verbrauchte Luft im Raum, Mara reißt das Fenster weit auf. Viel bringt es nicht bei dieser Wärme.
»Oje«, sagt sie, lässt sich auf den Stuhl fallen, wo wenige Tage zuvor Marcel gesessen hat, und blickt nach draußen, ein Grünfink hat sich auf dem Fensterbrett niedergelassen, flattert aber gleich wieder auf, als sie sich bewegt, um ihn näher zu betrachten. »Unsere Eltern können ganz schön harte Brocken sein, wie?«
»Och.« Vincent grinst und legt sich aufs Bett, dieses Mal, ohne sich zuzudecken. »Ist doch ganz gut gelaufen, findest du nicht?«
Mara lehnt sich kurz hinaus, um dem kleinen Vogel nachzuschauen, dreht sich dann um und blickt vom Fenster aus zu ihrem Bruder ins Zimmer. »Sie könnten mal aufhören, nur an sich zu denken. So ein Kind ist ja auch was Schönes, und was ist schon der richtige Zeitpunkt? Eigentlich könntet ihr mit dem Kind auch hier wohnen. Ninas Mutter schläft doch im Wohnzimmer, oder? Das ist auf die Dauer doch auch kein Zustand.«
Vincent fährt zusammen. »Hier? Bloß nicht«, keucht er. »Ich dachte eigentlich, für mich bleibt alles so wie bisher. Vorläufig jedenfalls. Außer dass ich mich natürlich um das Kind kümmere und so.«
»Aber ab und zu werdet ihr zusammen übernachten wollen«, wirft Mara ein. »Zu dritt. Und ihr müsst euch was überlegen für den Fall, dass es bei Ninas Mutter schiefgeht. Für ein Kind ist dein Zimmer hier ein bisschen eng.«
»Dafür ist es frisch gestrichen.« Vincent schließt die Augen, trotz allem war ihm lange nicht mehr so wohlig zumute. Er hat es seinen Eltern gesagt. Im Moment hat er das Gefühl, ihm könne nichts mehr passieren. Sein ganzer Körper fühlt sich warm und weich an, jetzt könnte er wieder schlafen. Vollkommen entspannt.

»Mir gefällt es sehr gut, gerade diese frischen Farben«, reißt Mara ihn wieder aus seinen Gedanken. »Wenn du willst, können wir tauschen. Mein Zimmer ist beinah doppelt so groß wie deins.«
»Dann muss ich ja wieder renovieren«, stöhnt er. »Bloß nicht.«
»Wenn das Kind da ist, wirst du noch einiges müssen. Gewöhn dich lieber jetzt schon daran. Ich will dir doch nur helfen.«
Vincent zieht sich die Decke über den Kopf.
»Ja, Mutti«, sagt er. »Aber nicht mehr heute.«

SIEBEN

Nina legt Vincents Hand auf ihren Bauch, und er spürt, dass sie wieder runder geworden ist. Statt ihrer engen Röhrenjeans trägt sie jetzt Leggings, ihr knappes T-Shirt spannt über den Brüsten und ihrem Bauch. Vincent denkt, dass sie noch hübscher geworden ist, als er sie in Erinnerung hatte.
»Das Baby kommt Anfang November«, verkündet Nina und zeigt ihm ein kleines blaues Heft, das sie von ihrem Frauenarzt bekommen hat. »Mutterpass« steht darauf. Er weiß nicht, ob Carolin so etwas auch hatte.
»Gleich habe ich einen Vorsorgetermin beim Frauenarzt, und ich habe ihm gesagt, dass du mitkommst. Du hast doch Zeit?«

Schon im Wartezimmer ist Vincent nervös, hier erinnert ihn alles an Carolins Abbruch, die Stühle, die weißen Wände, der Geruch, die anderen Frauen. Und das, obwohl es eine ganz andere Praxis ist, ein anderer Arzt. Als Nina nach einer guten halben Stunde Wartezeit aufgerufen wird, spürt er einen unbändi-

gen Drang, zur Ausgangstür zu stürmen und abzuhauen, aber nur für ein paar Sekunden. Dann sieht er Nina an, die so glücklich aussieht, deren Augen ihn anstrahlen, die so sicher wirkt, dass alles, was passiert ist und was sie hier tun, richtig ist. Er kann sich nicht einfach davonmachen, feige sein. Er wird Vater. Zu Weihnachten wird das Kind vielleicht zum ersten Mal lächeln. Vincent nimmt Ninas Hand und geht mit ihr zum Sprechzimmer. Erleichtert stellt er fest, dass Nina einen Mann als Frauenarzt hat, so fühlt er sich weniger unbehaglich. Doktor Renner, der in einem kleinen Bürozimmer am Bildschirm sitzt, steht auch gleich auf und reicht erst Nina, dann ihm die Hand, erklärt genau, was er bei dieser Untersuchung tun wird.
»Normalerweise ist nicht bei jeder Vorsorge eine Ultraschalluntersuchung notwendig«, sagt er, »aber sehr junge Mütter werden, genau wie solche über 35 Jahren, von vornherein als Risikoschwangere eingestuft. Keinen Schreck bekommen – in den allermeisten Fällen verkraftet der Körper eines sechzehnjährigen Mädchens die Schwangerschaft und Geburt ganz hervorragend. Aber es ist nicht verkehrt, wenn wir ein bisschen mehr auf Sie achten, Nina. Sie sind der werdende Vater, nehme ich an?«, fragt er, an Vincent gerichtet. Vincent nickt.
»Dann warten Sie hier kurz, ich rufe Sie gleich herein. – Sie können sich frei machen, Nina«, dann öffnet er eine große Doppeltür, die zum Untersuchungsraum führt. Vincent erschrickt ein bisschen, als er den gynäkologischen Stuhl sieht, fängt sich jedoch gleich wieder. Nina hat darauf keinen Eingriff vor sich wie Carolin. Der Arzt führt Nina in den Raum und schließt die Tür, bei der Untersuchung darf Vincent nicht dabei sein.
Ein wenig verunsichert setzt er sich wieder auf den Besucherstuhl, liest die Schrift auf den Buchrücken im Regal und sieht sich die Bilder an der Wand an, lauter Fotos von neugeborenen Babys mit ihren Müttern, rote zusammengedrückte kleine Ge-

sichter, manche mit vielen schwarzen Haaren auf dem Kopf, andere nur mit einem kaum zu erahnenden Flaum. Es stimmt nicht, dass alle Babys gleich aussehen, denkt er. Nicht ein einziges von denen auf den Bildern sieht einem anderen ähnlich. Dass er selbst schon in wenigen Monaten einen solchen Zwerg im Arm halten soll, erscheint ihm vollkommen unwirklich. Einen richtigen neuen Menschen, der irgendwie zu ihm gehört. Und zu Nina.

Nach einer Weile erscheint ihm das Warten endlos. Hat der Arzt ihn vergessen? Gibt es Probleme bei der Untersuchung, stimmt vielleicht etwas mit dem Kind nicht oder mit Nina? Manche Babys kommen behindert zur Welt, schießt es ihm durch den Kopf, zu früh oder sogar tot. Aber dann würde er Nina doch weinen hören, wenn so etwas passiert wäre. Dass das Kind in ihrem Bauch stirbt. Vincent hält den Atem an, steht auf und schleicht auf Zehenspitzen zur Tür des Untersuchungszimmers, legt sein Ohr daran und lauscht. Er verzweifelt beinahe, als er kaum ein Geräusch vernimmt – doch, da, das ist Ninas Stimme, und jetzt sagt Doktor Renner etwas, doch er kann die Worte nicht verstehen. Er hört die Rollen eines Stuhls über den Boden surren, das Klimpern eines metallischen Geräts auf Glas, das Rascheln von Papier. Und dann Schritte. Vincent kann sich nicht schnell genug wieder hinsetzen, die Schritte nähern sich rasch, und schon wird die Tür von innen aufgezogen.

»Du liebe Zeit«, lacht der Arzt. »So besorgt? Na, dann kommen Sie mal.«

Vincent spürt sein Herz bis in den Kehlkopf hämmern, während er dem Arzt folgt, doch dann sieht er, dass Nina auf einer ganz normalen Liege liegt und ihn erwartungsvoll anstrahlt. »Schatz«, sagt sie und streckt einen Arm nach ihm aus, »du ahnst nicht, was du gleich sehen wirst. Setz dich schnell auf den Hocker!«, und sie zeigt auf einen freien Sitz neben der Liege. Der Arzt bedient ein Gerät, von dem Vincent gleich vermutet, dass es das Ultraschallgerät ist, Carolin hatte damals ausführlich davon erzählt, nachdem sie den kleinen Embryo …

Nicht an Carolin denken, beschwört er sich insgeheim. Nicht jetzt.

Er verfolgt die Bewegungen des Arztes, starrt auf den Bildschirm. Undeutlich bewegt sich etwas Orangefarbenes darauf, wabert wie in einer Unterwasserwelt, wie eine Qualle. Das Foto, das Carolin ihm damals gezeigt hatte, war schwarz-weiß gewesen. Ihr hat er immer noch nichts von Nina gesagt.

Und dann wird das Bild plötzlich schärfer, klare Umrisse sind zu erkennen. Vincent glaubt es nicht, er erkennt eine Gestalt, einen Kopf, Arme, Beine, die sich bewegen, zucken, Finger, die sich strecken und wieder zusammenballen, einen Fuß, die Ahnung eines kleinen Gesichts.

»Ist das … das sieht ja schon richtig wie ein Mensch aus, ganz anders als … man sieht ja alles ganz genau! Ist *das* unser Kind?«

»Erstaunlich, was die moderne Technik zuwege bringt, wie?« Doktor Renner lacht Vincent an, als habe er das Gerät selbst erfunden. »Diese 3-D-Ultraschallgeräte sind wirklich toll. Für die Eltern ist es wie Fernsehen, aber für uns Mediziner … wenn das Kind etwas hat, einen Gendefekt zum Beispiel, können wir ganz zuverlässige Diagnosen stellen.«

Vincent spürt, wie er erbleicht. »Heißt das …?«

Der Arzt schüttelt den Kopf. »Keine Sorge, es sieht alles sehr gut aus. Aber bei sogenannten Risikoschwangerschaften gehen wir gerne auf Nummer sicher.«

»Können Sie auch schon erkennen, was es ist?«, fragt Nina. »Ein Junge oder ein Mädchen, meine ich?«

»Das will ich nicht!«, ruft Vincent und atmet erleichtert aus, als der Arzt den Ultraschallkopf mit dem Gleitgel von Ninas Bauch hebt und ihr eine Rolle Papiertücher reicht. »Ich will mich überraschen lassen, ob wir einen Sohn oder eine Tochter bekommen.«

»Aber wir könnten viel besser alles vorbereiten, wenn wir es schon wüssten«, meint Nina und wischt ihren Bauch ab. »Für ein Mädchen würde ich …«

»Überfordern Sie den jungen Mann nicht«, warnt der Arzt. »Welche Farbe die Strampelanzüge haben sollen, das findet sich alles. Wichtig ist erst mal, dass das Kind wächst und gedeiht und Sie sich da keine Sorgen machen müssen. Sie sind beide so jung, es ist schon mutig, dass Sie sich der Elternschaft stellen. Ist denn sonst für alles gesorgt, wo das Baby aufwachsen soll, finanzielle Angelegenheiten, ob Sie Ihren Schulabschluss hinbekommen? – Sie können sich wieder anziehen, Nina.«

»Ich bin diesen Sommer mit der zehnten Klasse fertig«, sagt Nina und setzt sich auf. »Wenn ich die Prüfung schaffe, habe ich dann den Realschulabschluss. Danach will ich erst mal nur Mutter sein.« Sie steht auf und verschwindet in der Kabine, wo ihre Sachen liegen, Vincent hört den Stoff rascheln und das Festzurren ihrer Schnürsenkel. Der Arzt bittet ihn zurück in das kleinere Zimmer mit dem Schreibtisch.

»Und Sie werden also Vater«, sagt er und blickt Vincent ernst an. »Da kommt eine Menge auf Sie zu, das wissen Sie. Sie machen auf mich den Eindruck, dass Sie zu Ihrer Freundin stehen und das Kind auch möchten, das freut mich. Aber kümmern Sie sich auch um Ihren eigenen Abschluss, nicht nur wegen des Unterhalts. Auch für Ihr eigenes Selbstwertgefühl ist das wichtig, Vincent. Wenn Sie aufrecht durchs Leben gehen, wird irgendwann keiner mehr sagen, das ist ein Schlaffi, der sogar zum Verhüten zu dämlich ist.«

Vincent schluckt. »Ich wollte Sie noch was fragen«, beginnt er mit gedämpfter Stimme. »Und zwar ob ich … ob wir, also, schadet es dem Baby, wenn wir miteinander schlafen?«

»Da können Sie unbesorgt sein«, beruhigt er ihn. »Solange es Ihnen beiden Freude macht, können Sie weiterhin Sex haben, sogar bis kurz vor der Entbindung, wenn es dann auch für die Frau vielleicht etwas unbequemer wird. Ihrem Kind macht das nichts aus. Und schwanger werden kann Nina ja momentan nicht mehr, die Sorge sind Sie los.« Er zwinkert Vincent zu.
Im selben Moment kommt Nina zurück und setzt sich auf den freien Stuhl neben Vincent.
»Wir sehen uns in vier Wochen wieder«, sagt er und schreibt etwas in ihren Mutterpass. »Ich verschreibe Ihnen noch Ihr Folsäurepräparat, das Sie ja schon regelmäßig einnehmen, seitdem wir die Schwangerschaft festgestellt haben.«
»Jaja.« Nina nickt und nimmt das Rezept entgegen. »Ich nehm das ganz regelmäßig, esse auch viel Obst und so weiter.«
»Prima.« Der Arzt erhebt sich und gibt ihr die Hand. »Dann bis zum nächsten Mal. Und für Sie«, er wendet sich an Vincent und reicht ihm eine Visitenkarte mit seiner Telefonnummer drauf, »ist das hier. Sie werden ja Freunde haben, einen Vater, der hinter Ihnen steht, hoffe ich, Sie müssen das nicht jetzt erzählen. Aber falls Sie mal Fragen haben oder sonst irgendetwas ist – melden Sie sich und kommen Sie gerne vorbei.«

Nach dem gemeinsamen Besuch beim Frauenarzt ist Vincent vollkommen aufgewühlt. Immer wieder muss er an das Kind denken, das er so deutlich gesehen hat, an seinen Körper, so winzig und so vollkommen, an seine Bewegungen. Er hat das Gefühl, es werde ihn noch im Traum verfolgen, schiebt den Gedanken an Carolins Baby beiseite. So groß wie dieses ist es nie geworden. Nina ist jetzt in der sechzehnten Woche schwanger, ihr Bauch wölbt sich sichtbar, sie hat gesagt, dass in der Schule ein paar von den anderen schon ihre Bemerkungen machen. Aber noch hat sie nichts erzählt. Er auch nicht, und er weiß,

dass es so nicht weitergehen kann. Es gibt so vieles zu erledigen. Jetzt, wo er das Kind gesehen hat, ist ihm, als ob ein Ruck durch ihn gegangen ist. Das ist alles kein Spiel mehr. Und er muss auch an die Worte des Arztes denken, die seinen eigenen Vater betreffen. Olaf. Als hätte Doktor Renner gespürt, dass dies ein wunder Punkt bei Vincent ist. So selbstverständlich Olaf ihn sonst in Schutz genommen hat, wenn er mit seiner Mutter Zoff hatte – bei diesem Thema lässt er Vincent gnadenlos hängen.
»Zwei Strampler habe ich schon gekauft«, erzählt Nina und hält ihr Gesicht in die Sonne. »Es gibt ja auch solche, die für Jungen *und* Mädchen geeignet sind. Wenn du noch mit nach oben kommst, zeige ich sie dir.«
Vincent zögert. »Ein anderes Mal«, sagt er und nimmt sie in die Arme. »Mir geht noch zu vieles durch den Kopf, was ich klären will. Unsere Zukunft besteht aus mehr als nur Strampelanzügen, Nina. Geh mal nach oben und ruh dich aus. Ich muss unbedingt was für die Schule machen, habe morgen eine wichtige Klausur in Englisch. Und ich will mir einen Job suchen, damit ich für unser Kind ein bisschen Geld verdienen kann. Ich klemme mich heute noch ans Internet und kämme die Kleinanzeigen durch.«
»Du bist süß.« Nina drückt ihm einen Kuss auf die Lippen. »Das würde bestimmt nicht jeder Junge machen.«
»Ich ruf dich morgen an«, verspricht er, küsst sie noch einmal und streichelt über ihren Bauch. »Passt gut auf euch auf, ihr beiden.«

Inzwischen ist ein frischer Wind aufgezogen und tief hängende Regenwolken haben sich vor die Sonne geschoben. Trotzdem muss es jetzt sein. Vincent weiß, wo er Carolin finden wird; auch auf dem Sportplatz ihres neuen Fußballvereins hat er sie bereits zweimal besucht, bevor Nina wieder in seinem Leben aufgetaucht ist. Ihr Training muss jeden Moment zu Ende sein, und dann muss er mit ihr reden. In seinem Inneren spürt er einen leisen Stich, denn als der Rasenplatz und die Fußball spielenden Mädchen vor ihm auftauchen, denkt er unwillkürlich daran zurück, wie er Carolin zum ersten Mal vom Training abgeholt hat – damals noch, weil sie ihm nach dem Abend ihres Kennenlernens nicht mehr aus dem Kopf gegangen war, obwohl er eigentlich noch Nina hinterhergetrauert hatte. Damals hatte Carolin allein vor dem Tor gestanden und immer wieder Bälle ins Netz gedroschen, so hart sie konnte, und er hatte sie beobachtet. Später hatte sie ihm gestanden, dass sie sich damit nur hatte abreagieren wollen. Auch sie hatte sich in ihn verliebt und irgendeinen Weg gesucht, um sich abzulenken, denn Vincent hatte sich tagelang nicht bei ihr gemeldet.

Mit den Augen sucht er den Fußballplatz ab und hat sie schnell gefunden, er erkennt sie an ihrer Art zu laufen, an ihren Pässen. Ihre dunklen, leicht gewellten Haare hat sie zu einem Pferdeschwanz nach hinten gebunden und trägt das gelbe Trainingshemd ihrer neuen Mannschaft. Er stellt sich hinter die Bande und sieht ihr zu. Vincent ist selbst kein Fußballfan, doch durch Carolin hat er zumindest ein wenig Gefallen an diesem Sport gefunden. Aber damit ist es jetzt vorbei. Wenn sie in wenigen Minuten erfährt, was geschehen ist, wird sie nichts mehr mit ihm zu tun haben wollen. Vielleicht wird er sie vermissen, ihre Nähe. Sie war so verliebt in ihn gewesen – ob sie es jetzt noch ist, weiß er nicht. Er wird Schluss mit ihr machen müssen, beinahe hofft er, dass sie es ihm abnimmt. Das gemeinsame Fachsimpeln über Fußball wird ihm von allem am wenigsten fehlen, wahrscheinlich spielt dieser Sport in seinem Leben nie wieder eine Rolle.

Carolins Trainerin stößt ein Signal mit der Trillerpfeife aus, alle Mädchen versammeln sich um sie, und jetzt entdeckt ihn Carolin. Mit einer schnellen Handbewegung gibt sie der Trainerin ein Zeichen und eilt zu ihm.

»Du hier?«, fragt sie, und über ihr Gesicht zieht sich ein Strahlen, wie er es lange nicht mehr an ihr gesehen hat. Bestimmt denkt auch sie an damals, an ihre zweite Begegnung. Seitdem ist so viel passiert. »Hast du es nicht mehr ausgehalten in deinem grünen Zimmer?«

Er spürt einen ersten Regentropfen auf seiner Nase landen; Carolin sagt immer *Mädchennase* dazu, weil sie so klein und schmal ist. Er kann nicht verhindern, dass sie sich auf die Zehenspitzen stellt und ihm einen Kuss auf die Lippen drückt, vor Angst wird ihm übel, zum Glück ist zwischen ihnen die Absperrung.

»Ich muss mit dir reden«, sagt er und tritt einen kleinen Schritt zurück. »Aber es regnet gleich. Wenn du dich schnell umziehst, können wir ins Eiscafé gehen.«

Carolins Augen weiten sich und ihr Lächeln verschwindet, aber sie nickt, dann geht sie schnell weiter, hinter den anderen Mädchen aus ihrem Team her zu den Kabinen. Vincent hofft, dass sie dort eine Freundin hat, der sie sich anvertraut. Vielleicht ahnt sie etwas.

Inzwischen setzt wirklich Regen ein, und als Carolin aus dem Vereinshaus kommt, hat sie schon ihre Kapuze auf. Sie laufen, um die Eisdiele schnell zu erreichen, Vincent will sich nicht noch einmal erkälten. Mit Carolins Sporttasche, die sie nirgends lassen kann, kommen sie nur langsam voran, schließlich kleben doch beiden die Haare feucht am Kopf. Im Café finden sie keinen freien Tisch, viele Leute sind wie sie vor dem Regen geflüchtet.

»Wir können uns dort mit ran setzen«, schlägt Carolin mit einem Blick auf einen Vierertisch vor, von dem gerade ein anderes Pärchen aufgestanden ist. Zwei Frauen sitzen über ihrem Cappuccino und diskutieren über Kindererziehung. »Ich weiß ja nicht, wie geheim das ist, was du mit mir besprechen willst.«

Vincent schüttelt den Kopf. »Gehen wir wieder raus«, bestimmt er. »Unter den großen Schirmen kann man auch gut sitzen, es ist ja noch warm.«
An der Theke bestellt Carolin eine große Cola, Vincent ein Eis mit Sahne, eine Kellnerin räumt von dem Tisch, den sie gewählt haben, das schmutzige Geschirr und den Aschenbecher weg. Carolin trinkt in tiefen, durstigen Zügen, bekommt einen Schluckauf und muss lachen. Dann sieht sie ihn an, er erkennt die leise Furcht in ihrem Blick. Die Zeit läuft.
»Du weißt doch noch von Nina«, beginnt er. Carolin nickt. Nina, an der Vincent so gehangen hatte. Nina, deren Foto viel zu lange an seiner Pinnwand gehangen hatte, verdeckt von anderen Zetteln und Bildern, aber dennoch. Eher hätte Carolin ihren eigenen Namen vergessen als den von Vincents Exfreundin.
»Ich hab sie wiedergetroffen.« Vincent taucht seinen Löffel in das Schokoladeneis, eigentlich hat er keinen Appetit. »Vor ein paar Monaten schon. Verstehst du, es war so … dich hätte ich gebraucht, aber du warst nicht da, bist mir ständig ausgewichen. Und dann kam sie.« Weiter spricht er nicht, probiert sein Eis, gibt ihr Zeit zu begreifen, was er gesagt hat, beobachtet ihr Gesicht. Sie bohrt ihren kleinen Finger in die grobmaschige Plastiktischdecke, nimmt noch einen Schluck. Vincent spürt sein Herz bis in die Halsschlagader klopfen. Dann sieht er, wie Carolin ihre Schultern strafft.
»Und deshalb hast du wieder was mit ihr angefangen«, vermutet sie. »Stimmt's?«
»Ich habe nicht nach ihr gesucht. Aber trotzdem habe ich gemerkt, dass sie mir nicht gleichgültig ist. Immer noch nicht. Es wäre unfair, dir das zu verschweigen.«
»Und ich …?« Carolin flüstert beinahe, sieht ihm in die Augen und wieder weg, auch er schaut auf seinen Eisbecher, den Löffel, die Bäume am Straßenrand. Jetzt versteht sie, dass es aus ist,

aus sein muss. Vincent sieht nahezu, wie der Schmerz in ihr aufsteigt. »Bin ich dir denn gleichgültig, Vincent?«

»Blödsinn. Überhaupt nicht, im Gegenteil. Deshalb habe ich doch auch immer wieder versucht, an dich heranzukommen. Aber du …«

»Ich hab versucht, dir das zu erklären.« Carolins Stimme klingt müde. »Ich dachte, du hättest ein bisschen Geduld mit mir. Das war doch alles kein Spaziergang, was wir im letzten Winter durchgemacht haben.« Jetzt zwingt sie ihn, ihrem Blick standzuhalten. »Hast du mit Nina geschlafen?«

Vincent nickt, erst zögerlich, dann unmissverständlich. »Nicht nur einmal«, gesteht er. »Und es ist noch etwas passiert, Carolin. Du wirst mich verfluchen, zu Recht, und ich wünschte, ich könnte uns das ersparen, was ich dir jetzt sagen muss. Aber ich will nicht, dass du es von jemand anderem erfährst. Es ist sowieso schon viel zu spät.«

Wieder hält er inne. Wartet, lässt Zeit, sacken zu lassen. Schweigt. Wünscht sich auf einen anderen Planeten. Sieht endlich, wie Carolins leerer Gesichtsausdruck fassungslosem Begreifen weicht.

»Nein«, bringt sie tonlos hervor, ihre Lippen sind auf einmal beinahe weiß. »Nein, das nicht. Vincent, sag, dass das nicht wahr ist.«

»Doch, es stimmt«, gibt er zu. »Nina bekommt ein Baby. Von mir. Sie ist am Anfang des sechsten Monats schwanger. Ich wollte das alles nicht.«

Carolin starrt ihn an, regungslos. Vincent braucht sie nicht zu fragen, er weiß, was das, was er eben gestanden hat, für sie bedeutet und welche Gedanken und Gefühle in diesem Augenblick in ihr toben. Auch Carolin hatte am Anfang ihr Baby gewollt, und er hatte sie nicht darin unterstützt, ein wenig zunächst schon, aber nicht so eindeutig, wie sie es gebraucht hätte, um sich wirklich dafür zu entscheiden.

»Ich wollte das alles nicht«, wiederholt er, »auch bei uns damals. Dass es so gelaufen ist. Niemand hat uns unterstützt, alle haben damals auf uns eingeredet, das Kind nicht zu bekommen. Ich hatte nicht den Mut.«
»Aber jetzt hast du ihn, ja?« Carolin springt auf und stößt ihren Stuhl nach hinten, er schwankt gefährlich und knallt auf die Rückenlehne. »Du bist so was von zum Kotzen, Vincent Löschner. Ich hätte es gleich wissen sollen, schon bei deinem Geheule um Nina, an unserem ersten Abend.«
»Nein!«, schreit er. »Ich habe genauso eine verdammte Scheißangst, Vater zu werden und nichts mehr auf die Reihe zu kriegen wie damals! Bloß Nina hat es mir erst gesagt, als die Frist … schon vorbei war. Sie konnte nicht mehr abtreiben, und außerdem weißt du genau, wie viel man als Vater dazu zu sagen hat.«
Carolin ringt nach Luft. »Ich muss hier weg«, japst sie und nimmt ihre Sporttasche, wirft sie sich um die Schulter, der Riemen rutscht ab, jetzt packt sie sie an den Henkeln. »Schönes Leben noch, Vincent. Komm bloß nicht auf die Idee, mir noch ein einziges Mal unter die Augen zu treten. Du hast mich die ganze Zeit nur verarscht.«
Er öffnet den Mund, um noch etwas hinter ihr herzurufen, doch alles, was er noch sagen könnte, erscheint ihm überflüssig und sinnlos.
Carolin verschwindet schnell aus seinem Blickfeld, er sieht sich um und stellt halbwegs erleichtert fest, dass zumindest sonst niemand an den Tischen vor dem Eiscafé sitzt. Er schiebt seinen Becher fort, von dem er kaum etwas gegessen hat. Der Regen, der unablässig stärker wird, bildet Pfützen unter seinen Füßen. Aus einiger Entfernung hört er, wie sich jemand übergibt. Es kann nur Carolin sein, und er kann es ihr nicht verdenken, dass ihr schlecht geworden ist. Aber Vincent geht trotzdem nicht hin, um ihr beizustehen.

ACHT

Vincent ist mitten in der Nacht aus einem unruhigen Schlaf hochgeschreckt, seitdem liegt er wach. Er hat die Nachttischlampe eingeschaltet und dreht die kleine weiße Visitenkarte von Ninas Frauenarzt zwischen seinen Fingern hin und her, schaut abwechselnd immer wieder darauf und auf die Leuchtziffern seines Radioweckers, die kaum weiterrücken. Er muss immerzu an Carolin denken. Seit der Trennung von ihr haben sich eine Traurigkeit und Verwirrung in ihm ausgebreitet, die ihn fast verzweifeln lassen. Drei Wochen ist es jetzt her, und es ist noch kein bisschen leichter für ihn geworden. Er vermisst sie, denkt fast unablässig an die verliebten Tage nach ihrem Kennenlernen, aber auch daran, wie unnahbar sie seit ihrem Schwangerschaftsabbruch war. Immer wieder versucht er sich mit dem Gedanken zu beruhigen, dass er sie so nicht mehr als Freundin hätte haben wollen, dass es ohnehin schiefgegangen wäre mit ihnen. Kaum eine Beziehung, so glaubt er, kann eine solche Belastung aushalten, nicht einmal unter Erwachsenen. Aber genau weiß er es nicht, und deshalb fühlt er sich schlecht. Carolin hat es nicht verdient, so behandelt zu werden, am allerwenigsten von ihrem eigenen Freund – der er nun nicht mehr ist. Jetzt ist er Ninas Freund. Und das ist das nächste Gefühl, der nächste Gedanke, der ihm selbst jetzt, um zehn Minuten nach zwei Uhr früh, Tränen in die Augen treibt – Vincent weiß nicht einmal mehr, ob er das noch will. Mit Nina zusammen sein. Erst recht, jetzt schon so etwas wie eine Familie mit ihr zu gründen. Er hat sich das mit Carolin nicht vorstellen können, weil er zu jung ist und mit siebzehn Jahren einem Kind noch nicht viel bieten kann. Er kann Nina und dem Baby weder eine Wohnung bie-

ten noch sie versorgen, zumindest jetzt noch nicht, egal, was für romantische Vorstellungen sie selber hat. Er will auch nicht zu ihr ziehen, und es fällt ihm schwer, sich einzugestehen, dass sie ihn manchmal nervt. Ihre Anhänglichkeit nervt ihn und dass sie keine anderen Ziele mehr zu kennen scheint als dieses Kind, das in ihr heranwächst. Vincent ist verknallt in sie, klar, sonst hätte er sich nicht auf sie eingelassen, noch dazu ohne sich vorher richtig von Carolin zu lösen. Aber er sieht diese Liebe ganz anders als sie. Er sieht sie nicht als Ehe, noch lange nicht, und wird es vielleicht auch niemals tun.
Vincent setzt sich im Bett auf. Ich könnte ein Bier vertragen, überlegt er, manchmal macht das so schön müde, es muss gar nicht viel sein. Kurz entschlossen steht er auf und legt die Visitenkarte auf seinen Schreibtisch, vielleicht sollte er Doktor Renner wirklich anrufen, sonst wird er noch verrückt.
Leise, um niemanden aus der Familie zu wecken, öffnet er seine Zimmertür und schleicht auf den Flur; Tanja schreckt bei jedem kleinen Geräusch hoch, das will er nicht riskieren. Ihre Laune ist ohnehin nicht gerade auf dem Höhepunkt, seit sie von Ninas Schwangerschaft weiß.
Im Korridor bemerkt Vincent, dass in der Küche Licht brennt, und erschrickt ein wenig, eigentlich will er niemandem begegnen. Aber vielleicht ist Mara wach. Mit ihr zu reden, würde ihm bestimmt helfen, seine Gedanken zu ordnen, vielleicht weiß sie auch, wie es Carolin geht. Er geht schneller, ohne lauter zu werden.
Doch nicht seine Schwester sitzt in der Küche am Tisch, sondern sein Vater.
Olaf hat sich ein Bier eingeschenkt, genau wie Vincent es vorhatte. Einen Augenblick lang überlegt er, wieder zurück in sein Zimmer zu huschen, doch Olaf hat ihn bereits bemerkt. Mit zwei Fingern wischt er sich den Schaum von seinen Schnurr-

barthaaren und winkt Vincent zu sich heran. Zögernd tritt er näher.
»Auch einen Schluck?«, fragt Olaf, und Vincent nickt, holt sich ein Glas aus dem Schrank. Verstohlen mustert er Olafs Gesicht, sie haben noch nicht viel miteinander gesprochen, seit die Familie Bescheid weiß. Olaf blickt finster, starrt vor sich hin auf die Tischdecke, und genau damit macht er seinen Sohn jetzt wütend. So kann es nicht weitergehen, denkt Vincent; Olaf kann nicht hier hocken und wochenlang griesgrämig sein, wenn ich ihn so dringend brauche.
Er setzt sich seinem Vater gegenüber und hebt sein Glas.
»Willst du anstoßen, oder wie?«, fragt Olaf düster und hält sein Glas kaum sichtbar in die Höhe, um es dann an seine Lippen zu setzen und fast in einem Zug leer zu trinken. Sein dunkles Haar steht am Hinterkopf aufrecht, an seinem dunkelblau gestreiften Schlafanzug sind die beiden obersten Knöpfe offen. »Als ob es dafür einen Grund gäbe.«
»Konntest du auch nicht schlafen?«, fragt Vincent unbeirrt.
»Wundert es dich?« Olaf stößt einen schnaubenden Laut aus. »Ich schlafe schon seit Wochen nicht mehr richtig, Mann. Weil ich immer noch nicht diese Dämlichkeit begreife. Wie du dir von dieser …«, er räuspert sich, »ein Kind andrehen lassen kannst, statt mal deinen Kopf einzuschalten. Und noch weniger begreife ich, wie du dir das jetzt weiter vorstellst. Das sind doch wir, die jetzt dafür geradestehen müssen. Habe ich dir damals schon gesagt und dachte, du wärst vernünftig, nimmst Rücksicht auf deine Mutter und mich, siehst alles ein, die ganzen Gründe, die dagegensprechen. Wärst irgendwie auch gereift an der ganzen unerfreulichen Geschichte. Und kaum dreht man sich um – schwupps, schiebst du der Nächsten einen Braten …«
»Es war keine Absicht«, fällt Vincent ihm ins Wort. »Von mir nicht, und ich glaube, auch nicht von Nina.«

»Du bist naiv, Junge. *Die* wollte dich an sich ketten, das kannst du aber glauben. Die hat gesehen, ach sieh an, der Vincent hat 'ne Neue, und auf einmal warst du wieder interessant für sie. So läuft das doch! Oder nicht?«

»Oh, oh. Der Experte spricht.« Auch Vincent nimmt jetzt einen tiefen Schluck.

»Und dass wir jetzt dafür geradestehen müssen, finanziell meine ich, das kann einem auch den Schlaf rauben. Aber das scheint dich nicht zu interessieren. Ich ...«

»Interessieren, interessieren!« Vincent springt auf und knallt sein Glas auf den Tisch. »Hast du mich *ein Mal* gefragt, wie es mir dabei geht? Wie es ist, wenn man, statt mit dem Fahrrad zu seinen Kumpels unterwegs zu sein, vor der geschlossenen Tür eines Operationssaals steht, hinter der die Freundin sich gerade das Kind wegmachen lässt, und man sie hinterher irgendwie auffangen muss, selber aber niemanden hat, der einen auffängt? Weißt du das? Und wie man sich fühlt, wenn einem ganz genau die gleiche Scheiße noch mal passiert, obwohl man sich geschworen hat, dass es dazu nicht mehr kommt, weil man es nicht noch einmal durchmachen möchte aus Angst, dabei durchzudrehen, weil man ganz genau weiß, dass es eben nicht nur ein Zellklümpchen war, das dabei draufging?«

»Ist ja gut«, brummelt Olaf, schon etwas weniger bitter. »Dass das einfach für dich ist, hat ja keiner behauptet.«

»›Nicht einfach‹ ist noch mächtig untertrieben.« Auch Vincent senkt seine Stimme wieder und erinnert sich, dass er eigentlich ganz leise sein wollte. Aber wenn Tanja jetzt wach wird, kann er es auch nicht mehr ändern. »Das Kind von Carolin und mir ist weg, obwohl wir es eigentlich wollten. Es war das Einfachste für euch, und fertig. Aber ich habe, wir haben damals ein Stück unserer Liebe getötet, Papa. Und jetzt Nina ... ich komme mir total bescheuert vor, und die ganze Zeit denke ich, ich kann überhaupt nicht lieben. Zum zweiten Mal ist mir so was passiert, ohne dass ich auch nur annähernd innerlich so weit bin. Und ich darf nichts entscheiden, weder bei Carolin noch bei Nina. Beides geschieht, egal, was ich will und was ich dazu sage.«

»Mit den Mädels zu pennen, dazu hast du dich aber selber entschieden.« Olaf knallt sein Glas auf den Tisch. »Das muss ich jetzt hier aber mal klarstellen. Komm mir nur nicht von wegen: Es ist einfach passiert. Du hast mit Carolin ohne oder mit schlampiger Verhütung geschlafen und mit Nina auch. Da hätte ich schon ein bisschen mehr Verstand von dir erwartet.«

»Und ich hätte von dir etwas mehr Verständnis erwartet.« Vincent lehnt sich zu seinem Vater vor. »Du bist doch auch ein Mann. Du kannst doch nicht ernsthaft der Meinung sein, dass ich sie jetzt im Stich lassen soll.«

»Ich meine immer noch, sie hat es drauf angelegt. Nina war schon immer ein kleines Biest, wenn auch ein süßes.«

»Selbst wenn es so war, ist es jetzt auch egal. Das Kind ist inzwischen 32 Zentimeter groß. Noch zwanzig dazu, und es kommt zur Welt. Hättest du dich als junger Vater einfach aus dem Staub gemacht?«

»Du kannst Fragen stellen.« Olaf steht auf. »Darauf brauch ich erst mal noch ein Bier.«

»Was nützt das?«, ruft Vincent und stellt sich in den Weg. Vom Flur her hört er Schritte, Mara oder Tanja scheint aufgewacht zu sein und geht zur Toilette, die Spülung rauscht, dann der Wasserhahn. Vincent betet im Stillen, sie möge nicht in die Küche kommen, egal, wer von beiden es ist. Die Badezimmertür wird von innen aufgeriegelt, dann das kaum hörbare Geräusch nackter Füße auf dem Dielenfußboden. Ein kurzes Innehalten, dann Schritte in die andere Richtung, das Schließen einer Tür. Vincent hört, dass es die Schlafzimmertür ist. Tanja, war ja klar. Er steht auf und stellt sich vor den Kühl-

schrank, die Arme vor der Brust verschränkt. Wenn er ganz dicht vor seinem Vater steht, kann er auf dessen Haaransatz hinuntersehen. »Was nützt das, wenn du dich hier besäufst? Sieh mal nach draußen«, er weist mit der Hand zum Küchenfenster, hinter dem ein noch kaum zu ahnendes Blaugrau den neuen Morgen ankündigt, »willst du dich mit einer Fahne zu Mama an den Frühstückstisch hocken? Außerdem sitzt du in drei Stunden in deinem Taxi. Rede lieber endlich mal offen mit mir über das, was Sache ist. Wie es weitergehen soll. Du bist mein Vater, und ich werde auch Vater. Einen anderen als dich habe ich nun mal nicht.« Eine Sekunde lang denkt er an Dr. Renner, schickt ihm einen stummen, dankbaren Gruß durch die Nacht. »Ich will meinem Kind später sagen können, dass du zu mir gehalten hast, als es unterwegs war, trotz aller Schwierigkeiten. Sonst kannst du dir deine ganzen blöden Sprüche sparen, so wie neulich, von wegen Oma und Opa.«
Olaf zieht die Augenbrauen zusammen und will ihn wegschieben, hat eine Hand schon am Griff der Kühlschranktür, lässt sie wieder sinken.
»Wenn ich schon Vater werde, jetzt, so jung und mit einem Mädchen, von dem ich nicht mal glaube, dass es mit ihr lange gut gehen wird, dann will ich wenigstens ein guter Vater sein. Aber ich weiß nicht, wie das geht, Olaf. Dazu brauche ich ein Vorbild.« Vincent sieht Olaf fest in die Augen. Der seufzt, zieht seine Schlafanzughose höher und setzt sich wieder an den Tisch, dreht das leere Bierglas in den Händen.
»Du meinst also, ich bin kein guter Vater, weil ich nicht Hurra schreie, nachdem du mir ohne einen einzigen selbst verdienten Cent ein Baby ins Haus bringst? Super.«
»Jetzt sei nicht eingeschnappt. Du weißt genau, wie ich das meine. Wenn du was von mir willst, spure ich doch auch. Meistens jedenfalls.«

»Das sind im Vergleich zu dem, was du dir geleistet hast, aber Kleinigkeiten.«
»Willst du das jetzt aufrechnen? Wichtig ist, dass man sich aufeinander verlassen kann. *Mein* Kind soll das später mal über mich sagen können. Und deshalb will ich alles dransetzen, damit mir das gelingt.«
»Das sind ja große Worte. Ich bin gespannt, ob du das wirklich bringst. Erst mal brauchst du ja einen Schulabschluss, und bisher ...«
»Das hatten wir alles schon, Papa. Rede nicht immer nur drum herum. Trau mir doch einfach mal was zu.«
Olaf schnaubt. »Das sagst du gerade jetzt.«
»Genau. Gerade jetzt. Weil ich dir auch vertrauen möchte. Es kann nämlich sein, dass ich dich irgendwann in der nächsten Zeit mal ganz dringend brauche.« Er schiebt sein nur halb leer getrunkenes Bierglas von sich. »Mir hat zwar schon jemand anderes angeboten, dass er für mich da ist, wenn ich nicht weiterweiß«, sagt er. »Aber eigentlich ist das doch Mist. Ich will so was von dir, nicht von einem Menschen, der im Grunde nichts von mir weiß. Also ...«, sagt er und steht auf. Er ahnt, dass er bei seinem Vater im Moment nicht viel weiter kommen wird, und wahrscheinlich ist es schon viel, dass Olaf ihn nicht angebrüllt hat. Er hätte auch zurück ins Bett gehen können und gar nichts sagen. »Hilfst du mir, wenn ich in Schwierigkeiten stecke? Kann ich stolz auf dich sein, so wie ich versuchen will, dass du es irgendwann auch auf mich bist?«
Olaf schweigt, lässt seinen Blick an ihm vorbeifahren und an der Tischkante ruhen, seine Nasenspitze wird rot, Vincent weiß, was das bedeutet.
»Okay.« Olafs Stimme klingt gequält. »Probieren wir es.«
Inzwischen ist es draußen noch heller geworden, die ersten Vögel beginnen ihr Morgenlied, trotzdem sind bis zum Aufstehen

noch mehr als zwei Stunden Zeit. Vincent fühlt sich müde, aber zu aufgewühlt zum Schlafen, setzt sich aufs Bett und nimmt seinen Skizzenblock in die Hand, wie er es oft macht, wenn er in der Nacht wach liegt, oder auch tagsüber, um einen klaren Kopf zu bekommen. Mit dem Bleistift zeichnet er ein paar Striche, verbindet sie zu Buchstaben, eckige und geschwungene durcheinander, ineinander verschlungen, als Wort auf den ersten Blick kaum erkennbar, er wollte Ninas Namen schreiben. Doch noch ehe er richtig begonnen hat, legt er den Block wieder weg und zieht sein Vokabelheft aus dem Rucksack. Ein Test ist angesagt, für den er noch nichts getan hat, weil in ihm tausend Stürme toben.

»Du wirst staunen, Chef«, flüstert er und weiß selber nicht, ob er damit seinen Vater meint oder Herrn Lehnmüller, den Englischlehrer, bei dem er kaum noch die Sonne sieht, seit er beim Spicken erwischt wurde. Überraschen will er beide.

Entschlossen knipst er die Nachttischlampe an und schlägt das Heft auf. Und obwohl die Buchstaben vor seinen Augen tanzen und er gleich die erste Vokabel fünfmal lesen muss, um überhaupt zu begreifen, um welche es sich handelt, weiß er, dass er nun wirklich alle Hürden genommen hat. Er fühlt sich wie nach einem Kampf, der lange unentschieden war und den er doch noch zu seinen Gunsten wenden konnte. In sich hinein grinsend, klopft Vincent sich selbst auf die Schulter. Dann konzentriert er sich von Neuem.

NEUN

Der Sommer verwandelt Berlin in einen Steinofen. Vincent, der die letzten Wochen vor den Zeugnissen intensiv nutzt, um seine Versetzung zu retten, fühlt sich mehr als ferienreif. Ninas Bauch ist inzwischen unübersehbar rund, und mit jedem Zentimeter, den sie an Umfang zulegt, scheint sie anhänglicher zu werden, ernster und in sich gekehrt, als horche sie fortwährend in sich hinein, auf das neue Leben, das in ihr heranwächst. In ihrem Zimmer türmt sich Babywäsche, die sie mit ihrer Mutter gekauft hat, und am Kalender streicht sie jeden vergangenen Tag aus, als lebe sie nur auf den Entbindungstermin hin. Nach jedem Untersuchungstermin bei Dr. Renner zeigt sie Vincent neue Ultraschallfotos.

»Schau mal hier«, sagt sie an einem schwülen Nachmittag im August, einem von den Tagen, an denen man ständig das T-Shirt wechseln möchte und jedes frische doch nach wenigen Minuten wieder am Körper klebt. Vincent fühlt sich unbehaglich, und er denkt, dass er Nina nicht beneidet, wo sie noch dazu den Bauch vor sich herträgt. »Siehst du die Nase? Ich glaube, unser Kind sieht dir ähnlich.«

»Das kann man doch noch gar nicht sagen.« Unwillkürlich denkt er an Carolin, die seine Nase immer so gemocht hat, verjagt aber ihr Bild vor seinen Augen. »So richtig sieht man die Ähnlichkeiten doch erst nach ein paar Monaten, meinst du nicht? Ich wollte dich ganz was anderes fragen.« Er legt etwas zögerlich den Arm um sie und streicht mit einer Hand über ihren Bauch. »Als wir uns wiedergetroffen haben, im Februar, meine ich – da hab ich mich mit dir gefühlt, als ob wir schweben. Alles war lustig und leicht, genau wie früher, als wir zusammen auf Partys gegangen sind, mit unse-

ren Freunden unterwegs waren. Ich habe es immer an dir geliebt, dass du so unkompliziert bist, alles mitgemacht hast, auch wenn du mal die Leute nicht kanntest oder eigentlich zu müde warst. Wir haben Sommerferien, die Zensuren sind längst im Kasten, alle Arbeiten geschrieben, ich hab mich ganz schön krummgelegt dafür. Und bis zur Geburt dauert es auch noch.«
Jetzt nimmt er ihr Gesicht in seine Hände und sieht ihr mitten in die Augen. »Nina, ich will, dass wir vorher noch ein bisschen unser Leben genießen. Wir sind kein Ehepaar, das nichts anderes mehr zu tun hat, als Babywäsche heranzuschaffen. Wir sind immer noch ganz normale Jugendliche. Ich will, dass es wieder so ist wie am Anfang. Wie an unserem neuen Anfang wenigstens. Weißt du noch, wie wir mit der Seilbahn gefahren sind und wie es da zwischen uns gekribbelt hat? Ich spüre das immer noch – aber nur in der Erinnerung! Versuch doch, dich nicht nur noch als werdende Mutti zu sehen. Es gibt auch noch was anderes in unserem Leben. Heute ist es so heiß, dass ich kaum noch klar denken kann. Marcel und Bianca wollen gleich ins Freibad und haben mich gefragt, ob wir mitkommen. Was hältst du davon?« Er lächelt sie an. »Schwimmen soll für Schwangere richtig gesund sein.«
Nina beißt sich auf die Unterlippe und blickt zu Boden, legt ihre Hand auf seine, die immer noch an ihrer Wange ruht. Sie antwortet nicht gleich. Aber dann atmet sie auf einmal tief ein, löst sich von ihm und setzt sich auf den Korbsessel in ihrem Zimmer.
»Ich hab dir etwas noch nicht gesagt«, beginnt sie. »Das mit dir und der Schule ist ja toll, aber ich … ich hab meine Prüfungen nicht geschafft. Den Abschluss der Zehnten. In Mathe und Geschichte bin ich durchgerasselt und hatte keinen Ausgleich.«
»*WAS?*« Vincent tritt einen Schritt zurück und fühlt, wie ihm das Blut bis in die Füße sackt, auf einmal sieht er seine ganze

Gelassenheit davonschwimmen. Nachdem sogar Herr Lehnmüller ihm eine knappe Zwei gegeben hatte, hatte er das Gefühl gehabt, alles werde gut. Er hat die Schule gepackt, dann würde er das mit dem Baby auch irgendwie hinbekommen. Und jetzt kommen erst einmal sechs lange Wochen ohne Wecker, in denen Nina und er noch einmal richtig auftanken können. Kraft schöpfen für alles, was noch auf sie zukommt. Aber er war davon ausgegangen, Nina würde ihren Schulabschluss schaffen. Vincent hat geglaubt, sie könnte bald eine Ausbildung beginnen. Und er hat gedacht, dass sie das auch will. Ohne Schulabschluss ist das natürlich schwierig.

»Und jetzt?«, bringt er hervor. Seine Kehle fühlt sich trocken an, er will unbedingt ins Wasser, schwimmen, seinen Körper spüren, die Arme, wie sie sich Zug um Zug durch das Wasser pflügen. Spaß haben mit Marcel und anderen Kumpels, sich erfrischen. Nina hebt die Schultern und lässt sie wieder sinken.

»Ich hab das auch nicht gewollt«, meint sie. »Aber ich habe mich schon erkundigt; man kann nach der Geburt ein Jahr mit der Schule aussetzen und dann das vermasselte Jahr wiederholen.«

»Deshalb sage ich das ja alles. Du musst dich mal ablenken, denk doch mal an was anderes als nur an das Baby. Komm«, sagt er und nimmt sie an die Hand. »Du brauchst erst mal Abwechslung, genau wie ich. Gehen wir schwimmen, es wird bestimmt lustig. Und danach sehen wir weiter und lassen uns was einfallen.« Er küsst ihre Lippen. »Ich lasse dich nicht im Stich, das weißt du doch. Und jetzt pack deine Tasche, sonst zerfließe ich hier noch.«

Natürlich sind sie im Schwimmbad angestarrt worden. Nina hat ihren normalen Bikini getragen, und es ist Vincent nicht entgangen, wie ihr runder Bauch den anderen Badegästen auffiel. So junge Schwangere sieht man nicht oft.

»Gewöhn dich nur schon daran«, hatte er gewitzelt. »Nächstes Jahr kommen wir schon mit dem Baby hierher, was glaubst du, wie sie dann erst glotzen werden.«
Und endlich hatte sich Nina entspannt. Auf ihren Wunsch hin hatten sie ihre Decke neben dem Planschbecken für kleine Kinder ausgebreitet; dort waren auch andere werdende Mütter und sie fiel nicht so auf. Jetzt war es Vincent, der sich etwas unbehaglich fühlte, und es war an Nina, ihm zu sagen, er solle sich ruhig schon mal an das gewöhnen, was ihm sowieso bevorstünde.
Vincent jedoch hatte es nicht lange zwischen all den jungen Familien ausgehalten. Nina wollte unter einer Birke liegen und einfach nur entspannen, aber er fühlte sich wie ein Tourist in einem aufregenden fremden Land, sowie er das unbeschwerte Treiben im Freibad wahrnahm, das Kreischen aus tausend Kehlen, das Geräusch ins Wasser springender Körper, Rock und HipHop aus mitgebrachten Gettoblastern in allen Ecken, Mädchen in Bikinis, Pommesduft. Die Erkenntnis, wie sehr er das alles vermisst hatte, überwältigte ihn, er gab Nina einen Kuss auf die Nase und versprach, bald zurück zu sein, er wolle nur nach Marcel Ausschau halten. Dann zog er los, steuerte die kalte Dusche an und sprang ins Becken, wo er als Erstes ein paar Bahnen schwamm, dabei ist er sonst absolut kein Sportlertyp. Nicht umsonst hatte Carolin ihn manchmal als Couchkartoffel bezeichnet, weil er sich, vom Radfahren im Alltag abgesehen, nur wenig bewegte.
Als seine Arm- und Rückenmuskeln zu schmerzen begannen, stieg er aus dem Wasser und machte sich nun wirklich auf die Suche nach seinem besten Freund, den er auch schnell gefunden hatte. Marcel lagerte immer neben dem Sprungturm und so war es auch an diesem Nachmittag. Vincent hatte sich zu ihm und Bianca gesetzt, sie waren ins Quatschen gekommen, über Ferienpläne und Berufsvorstellungen, Musik, Freizeit und

Sprayen, wozu Vincent schon, wie es ihm erschien, seit einer Ewigkeit nicht mehr gekommen war. Gebannt hörte er zu, wie Marcel ihm von einem Jugendfreizeitprojekt erzählte, wo er jüngeren Jugendlichen seine Künste beibringen durfte, ganz legal und an einer großen, auffälligen Wand. Sogar die örtliche Presse sei schon da gewesen und hätte ihn fotografiert und interviewt. Vincent freute sich für ihn, spürte aber auch jenen leisen Stich in seinem Inneren, der nur von Neid ausgelöst werden kann. Er ließ es sich jedoch nicht anmerken.

Keiner hatte an die Zeit gedacht. Bis Bianca plötzlich fragte, ob Vincent nicht mit Nina gekommen sei.

»Nicht, dass ich scharf drauf wäre, sie kennenzulernen«, meinte sie. »Ich mein ja nur. Für einen baldigen jungen Vater lässt du deine Braut ganz schön lange allein.«

»Sie ist nicht meine Braut«, erwiderte Vincent.

»Hol sie doch her«, hatte Marcel vorgeschlagen, »sie muss doch nicht stundenlang zwischen lauter Muttis sitzen.«

Alle drei waren zu Nina gegangen, die noch immer im Schatten lag; nur einmal war auch sie zwischendurch kurz geschwommen und hatte sich ein Eis gekauft. Die mittägliche Schwüle war inzwischen einem heißen, trockenen Wind gewichen und auch die Sonne brannte unerbittlich vom Himmel. Gemäß den Wettervorhersagen war das Gewitter vorbeigezogen. Ein wenig sorgte sich Vincent wegen der Hitze um Nina, doch es schien ihr gut zu gehen.

Anfangs kam zwischen ihr und Bianca keine lockere Stimmung auf, doch da die Jungen ihr Bestes versuchten, ihre Freundinnen mit Witzen bei Laune zu halten, wurde es mit der Zeit besser. Schließlich gingen sie sogar zu viert ins Nichtschwimmerbecken und lieferten sich eine wilde Wasserschlacht. Anschließend aßen sie zusammen Currywurst mit Pommes an der Imbissbude, und endlich erkannte Vincent in Nina das Mädchen wieder, in das er

so verliebt gewesen war und von dem er wohl niemals loskommen würde. Eng umschlungen kehrten beide später nach Hause zurück. Zu Nina nach Hause.
»Wenn du willst, bleibe ich heute bei dir«, schlug er vor, als sie vor ihrer Haustür angekommen waren. »Ich würde dich gerne noch ein bisschen genießen.«

Nach dem Abendessen mit Steffi sind sie in Ninas Zimmer gegangen, und dieses Mal verzichtet Nina darauf, Vincent Ultraschallfotos zu zeigen und Babystrampler vorzuführen. Wie früher sitzen sie jetzt auf ihrem Bett, schmusen miteinander und hören langsame Rockballaden. Vincent lässt seine Hand vorsichtig unter Ninas Sommerkleid gleiten, spürt ihre Haut, die von dem heißen Tag noch zu glühen scheint. Sie weiß, was er will, und macht mit.
Hinterher ist Vincent so glücklich wie schon lange nicht mehr.
»Wer weiß, ob wir dazu noch kommen, wenn das Kind erst da ist«, flüstert er und wickelt eine ihrer langen dunkelblonden Haarsträhnen um seinen Zeigefinger. Sie liegen Seite an Seite auf dem Rücken, Ninas Kopf in seine Achselhöhle gebettet, und deshalb spürt er sofort, wie ihr ganzer Körper erstarrt.
»Erinnere mich nur nicht daran«, sagt sie mit einer seltsam hohen Stimme. Vincent stutzt und sieht sie von der Seite an.
»Was sagst du? Ich dachte, du freust dich so sehr auf das Baby und kannst es kaum erwarten, bis es endlich so weit ist!«
Er lässt seine Augen durch das Zimmer schweifen, es ist noch nicht einmal richtig dämmrig. Dann fühlt er etwas Warmes, Nasses an seinem Oberarm und dreht sich zu Nina um.
»Weinst du?«, fragt er und streicht auch schon mit dem Finger ihre Schläfen entlang, dort, wo die Träne ihre Spur gezogen hat. Er fühlt, wie sie nickt.
»Natürlich freue ich mich auf unser Baby.« Ihre Stimme klingt

gepresst, als versuche sie noch immer, ihre Tränen zu unterdrücken. »Aber du glaubst nicht, was für eine verdammte Scheißangst ich vor der Geburt habe. *Deshalb* streiche ich jeden Tag im Kalender aus. Und deshalb hatte ich auch ein Blackout bei den Prüfungen in der Schule. Die Zeit rast mir davon, und ich weiß überhaupt nicht, wie ich das packen soll. So eine Geburt tut doch bestimmt irrsinnig weh, jedenfalls sagen das immer alle! Am liebsten würde ich mir eine Vollnarkose geben lassen und alles verschlafen. Das Kind kannst du dann als Erster in den Arm nehmen.«

»Ich ...?« Vincent stützt sich auf seinen freien Ellbogen. »Aber unter Narkose – da kannst du doch überhaupt nicht pressen, wie soll das denn gehen? Du musst das Kind doch rausschieben, wenn es so weit ist, wer soll denn das sonst machen?«

»Es gibt auch Kaiserschnitte.« Ninas Stimme hat sich gefestigt.

»Ja, aber das machen die Ärzte doch nur, wenn irgendwas schiefläuft. Wenn das Baby mit den Füßen zuerst rauswill oder die Nabelschnur um den Hals gewickelt ist. Meine Mutter hat mir die tollsten Geschichten erzählt, aber so was passiert nur ganz selten. Bei dir ist doch bisher alles in Ordnung, da macht niemand einen Kaiserschnitt.«

»In Amerika kann man sich das aussuchen«, weiß Nina zu berichten. »Das finde ich viel besser. Die Mutter muss schließlich das Kind bekommen. Dann hat sie ja wohl auch das Recht, darüber zu bestimmen, *wie* sie es auf die Welt bringt.«

»Wir sind aber nicht in Amerika«, wendet Vincent ein. »Und beim Kaiserschnitt, da schneiden sie dir richtig den Bauch auf. Das ist doch nicht besser, als ein paar Stunden lang Schmerzen zu haben, und dann ist es vorbei.«

»Du hast überhaupt keine Ahnung.«

»Das behaupte ich auch nicht. Aber es gibt doch solche ... Schwangerschaftsgymnastik. Gehst du da nicht hin? Da lernt man doch bestimmt eine Menge über die Geburt. Mein Vater hatte neulich eine Frau im Taxi, die wollte zu so einem Kurs. Abends hat er mich dann gefragt, ob du da auch hingehst.«

»Dein Vater? Ich dachte, der klammert das Thema völlig aus.«

»Nicht mehr.« Vincent lacht leise. »Als ich ihm gesagt habe, dass es auch andere erwachsene Männer gibt, die mich als jungen Vater unterstützen wollen, hat es ihn doch an seiner Ehre gepackt. Er spricht zwar noch darüber wie über einen Brief vom Gerichtsvollzieher, aber immerhin. Er tut nicht mehr so, als ob wir ein Verbrechen begangen hätten.«

»Doktor Renner hat mir eine Adresse gegeben«, fährt Nina fort. »Für so einen Gymnastikkurs. Aber da sind bestimmt nur Dreißigjährige, die mich anstarren, wenn ich da aufkreuze. Und dann bringen sie auch noch alle ihre Ehemänner mit.«

»Die Männer? Wozu denn das?«

»Willst du nicht bei der Geburt dabei sein?«

Vincent spürt ein flaues Gefühl im Magen. »Hab ich noch nicht drüber nachgedacht«, gibt er zu. Er denkt an die Anstrengungen der vergangenen Wochen und Monate, das Pauken für die Versetzung in der Schule, seine schwere Grippe, all die Kommentare über Ninas Schwangerschaft. Eigentlich will er seine Ruhe haben, und jetzt kommt Nina auch noch mit der Geburt.

»Möchtest du es denn?«, fragt er trotzdem.

»Fast alle werdenden Väter gehen mit«, antwortet sie. »Und ohne dich schaffe ich das nicht.«

»Klar schaffst du das.« Er streichelt ihr Haar. »Aber wenn du willst, bin ich dabei.«

ZEHN

»Und hecheln!«, befiehlt die Kursleiterin, eine schlanke Frau mit kurzen rötlichen Haaren, Vincent schätzt sie auf ungefähr vierzig. Fünfzehn Frauen mit unterschiedlich runden Bäuchen atmen ein und aus, so schnell sie können, während ihre Männer oder auch Freunde hinter ihnen sitzen, mit gegrätschten Beinen, und sie am Rücken abstützen. »Damit können Sie den Wehenschmerz am besten verarbeiten, und Ihr Baby bekommt eine Extraportion Sauerstoff. Wenn Sie glauben, Sie halten es nicht mehr aus, denken Sie daran, dass Sie ihm bald eine Extraportion Milch geben können, wie in der Schokoladenwerbung. – Ja, der junge Mann mit den langen Haaren in der Ecke macht das ganz prima – in dieser Phase wird die werdende Mutter vielleicht dankbar sein, wenn ihr ein wenig der Rücken massiert wird. Das Kind stößt sich auf dem Geburtsweg im Rücken der Mutter ab, das kann schon mal wehtun, da ist eine sanfte Massage genau das Richtige, um eventuelle Verspannungen bei ihr zu lösen. Schön beide Daumen links und rechts von der Lendenwirbelsäule kreisen lassen, genau.«

Vincent strahlt, er freut sich über das Lob und massiert Ninas Rücken weiter, dennoch fühlt er sich, als wäre er in einer Welt gelandet, die nichts mit ihm zu tun hat, er spürt nur seine Hände, die immer weiterkneten. Nina hatte recht gehabt, tatsächlich sind er und sie mit Abstand die Jüngsten in diesem Kurs. Aber schief angesehen hat sie niemand, im Gegenteil. Neugierige Blicke gibt es, doch Nina wird von den erwachsenen Schwangeren freundlich angesprochen, wann immer sich die Gelegenheit ergibt.

»Und jetzt üben wir das Pressen!« Die Stimme der Kursleiterin reißt Vincent aus seinen Gedanken. Er schaut auf die Uhr der

Turnhalle, in der sie sind, lange kann es heute nicht mehr dauern, er will endlich mal wieder mit Marcel zum Sprayen gehen, Marcel hat eine kolossal große Wand aufgetan, dort will Vincent ein Bild für Nina und das Baby malen. »Der werdende Vater stützt die Mutter dabei von hinten ab, sie kann sich gegen ihn lehnen, dann ist es leichter. Aber jetzt bitte nicht wirklich pressen, ja? Nicht, dass eine von Ihnen hier noch Wehen bekommt, manche haben ja bald Termin. Die Beine anwinkeln. So ist es richtig.«

Vincent tut, was die Kursleiterin sagt, noch immer fühlt er sich eher unbehaglich, doch er spürt, dass auch Nina sich jetzt auf die Übungen konzentriert und dass sie ihr mehr Sicherheit geben. Um dieses Gefühl bei ihr zu verstärken, versucht er, sie zu stützen, so gut er kann.

»So machen wir es bei der Geburt auch«, sagt er leise von hinten dicht über ihrem Ohr. »Das packen wir schon, verlass dich drauf. So schlimm kann es doch gar nicht sein.«

Nach der Gymnastikstunde wartet Vincent vor der Halle auf Nina. Als sie herauskommt, ist sie bleich im Gesicht.

»Die erzählen da drin die reinsten Horrorgeschichten«, sagt sie. »Manche bekommen schon ihr zweites Kind und behaupten, sie hätten beim ersten Mal 60 Stunden Wehen gehabt, dann hätte die Rückenmarksspritze nicht gewirkt und all so was.«

»Rückenmarksspritze?«

»Die kann man sich geben lassen, wenn man die Schmerzen nicht mehr aushält. Dann kann man zwar nicht mehr so gut mitarbeiten, weil man im Unterleib kaum noch was spürt, aber man ist wenigstens wach. Ich lasse mir so was auch geben, das schadet auch dem Kind nicht.«

»Dann lass dich von den Frauen auch nicht verunsichern«, sagt Vincent, legt seinen Arm um ihre Schultern und setzt sich mit ihr in Bewegung. »Bestimmt wollen sie sich nur wichtigmachen. Außerdem ist doch keine Geburt wie die andere, oder?«

»Keine Ahnung. Meine Mutter sagt, bei ihr … oh!« Nina bleibt plötzlich stehen, verharrt regungslos, den Blick nach innen gerichtet.
»Was ist?« Blitzartig denkt Vincent an die Worte der Kursleiterin, die Frauen sollen nicht wirklich pressen, damit sie keine Wehen bekommen. Hat Nina etwa … bitte nicht hier, fleht Vincent im Stillen; nicht jetzt schon und mitten auf der Straße!
Aber Nina blickt jetzt wieder auf, nimmt seine Hand und legt sie auf ihren Bauch.
»Es strampelt«, flüstert sie, und jetzt fühlt Vincent es auch. Unter seiner Hand bewegt sich etwas, drückt gegen Ninas Bauch, jetzt drückt auch er ganz leicht mit den Fingern auf die Stelle.
»Es antwortet!«, jubelt er. »Hast du das schon mal erlebt, Nina? Ich hab eben gedrückt, und – da, jetzt antwortet er wieder!« Ganz deutlich fühlt er den Fuß oder die Hand, das Knie oder was auch immer es ist, das sich da bewegt. Vincent könnte heulen vor Glück.
»Wieso er?«, fragt Nina. »Kann doch auch ein Mädchen sein. Weißt du noch, ich will sie Cheyenne nennen.«
»Kann es«, gibt er zu und schiebt ihre Hand weg, die Nina ebenfalls auf die Stelle legen wollte, wo das Ungeborene gerade strampelt. »Lass mich, du hast das Baby immer. Ich wünsche mir aber einen Sohn. Ich glaube, dem würde ich die Welt zu Füßen legen!«
»Nur weil er dich ein bisschen boxt? Und was ist, wenn es doch ein Mädchen wird? Hast du das dann nicht lieb?«
»Doch. Aber was soll ich denn mit einem kleinen Mädchen anfangen? Ein Junge, mit dem kann ich alles spielen, was ich als Kind selber gerne gemacht habe.«
»Seilbahn fahren. Und zu Weihnachten bekommt er eine elektrische Eisenbahn.«
»Die ist teuer. Aber ich jobbe ja jetzt. Und Seilbahn fahren will ich möglichst bald wieder mit dir. Da – jetzt wieder! Komm«, er

greift jetzt doch nach Ninas Hand und verfällt ins Laufen. »Das müssen wir unbedingt Mara und meinen Eltern vorführen und deiner Mutter auch!«

»Ach du je«, sagt Tanja und lacht ihr raues Lachen. »Jetzt hat's ihn aber erwischt, unseren Vincent. Jetzt geht er auf in seiner Vaterrolle, ist ja zum Piepen.«
Vincent versucht, seine Mutter mit einer unwilligen Handbewegung zum Schweigen zu bringen. Er hat Nina im Wohnzimmer in einen Sessel verfrachtet und horcht jetzt sogar mit seinem Ohr an ihrem Bauch. Tatsächlich bewegt sich das Ungeborene noch immer. Vincent winkt Tanja zu sich heran.
»Ist ja gut«, meint diese und tritt nur langsam näher. »Irgendwann strampeln alle Babys im Bauch herum, glaubst du, bei Mara und dir war das anders? Als werdende Mutter merkt man das sowieso schon viel eher, stimmt's, Ninamaus? Wie lange meldet der Wurm sich schon von da drinnen?«
Nina errötet leicht. »Acht Wochen ungefähr. Da war ich im fünften Monat. Am Anfang war ich mir gar nicht sicher, ob es wirklich das Baby ist.«
»Die ersten Male flattert es nur ein bisschen«, erinnert sich Tanja. »Da hat es noch so winzige Gliedmaßen, ist ja noch gar keine Kraft drinnen. Aber jetzt trainiert es für draußen. Genießt mal schön die Ruhe, die ihr noch habt. Damit ist es nämlich bald vorbei.«
Vincent lacht, er nimmt das nicht ernst. Die Bewegungen des eigenen Babys zu spüren, macht dessen Existenz für ihn noch realer als die bewegten Ultraschallbilder auf dem Monitor des Frauenarztes.
Inzwischen ist auch Mara, die von ihrem Zimmer aus die angeregten Stimmen gehört hat, hereingekommen. Sie begrüßt Nina mit einem Lächeln. Vincent weiß, dass sie inzwischen zu Caro-

lin auch kaum noch Kontakt hat. Mara hat ihm nur erzählt, dass sie wohl demnächst abermals die Mannschaft wechseln wird, sogar zu Hertha BSC. Und von irgendetwas noch Größerem war die Rede; Genaueres wusste seine Schwester nicht. Auf jeden Fall scheint Carolin völlig im Fußball aufzugehen. Vincents Welt wäre das auf Dauer nicht.

»Lass mich auch mal fühlen, bitte«, sagt Mara leise, und Nina schiebt ihr T-Shirt ein Stück hoch.

»Wie habt ihr denn jetzt alles finanziell geregelt?«, fragt Mara und legt ihre Hand dicht über Ninas Bauchnabel. »Du machst erst in einem Jahr die Schule weiter, Vincent ist gerade in die Zwölfte gekommen, bis zum Abi ist es auch noch eine Weile hin. Habt ihr Zuschüsse beantragt? Unterhalt?«

»Meine Mutter will mit mir zum Jugendamt gehen«, antwortet Nina. »Ich will ja auch nicht, dass ihr für alles alleine aufkommen müsst. Meine Mutter sagt, solange Vincent noch zur Schule geht, muss er nicht zahlen.«

»Dann kann ich ja noch 'ne Ehrenrunde drehen«, sagt Vincent und lacht. »Eine im Leben ist verzeihlich, und bisher bin ich immer durchgekommen.«

»Untersteh dich!« Tanja droht ihm mit dem erhobenen Zeigefinger. »Stell dir nur deinen Vater vor, wenn du jetzt nicht wenigstens dein Abi durchziehst.«

»Schon gut.« Obwohl seine Mutter ebenfalls lächelt, zuckt er ein wenig zusammen. »Mach ich ja.«

Mara richtet sich auf. »Ich kann Hendrik mal fragen, wie die Gesetze da stehen. Sein Onkel ist Rechtsanwalt. »Vielleicht kennt er sich aus.« Sie lächelt ihrem Bruder und Nina zu. »Brütet ihr erst mal euer Küken aus und stresst euch nicht so sehr. Erst mal ist wichtig, dass es gesund zur Welt kommt, alles andere findet sich schon. Irgendwie werden wir es großbekommen, oder?« Die letzte Frage sagt sie an ihre Mutter gerichtet.

Tanja hebt die Schultern. »Na ja. Haben wir bei euch schließlich auch geschafft. Immer noch besser, als wenn ihr es irgendwo aussetzt oder vom Balkon runterschmeißt. Man liest ja oft genug, was sich andere Teenies so alles einfallen lassen, wenn sie nicht weiterwissen. *Ich* will mir später nicht nachsagen lassen, dass ich meinen Jungen und seine Kleine zu so einem Schritt getrieben habe. Nee, lasst mal gut sein, Kinder. Solange wir sehen, ihr gebt euch Mühe, werden Olaf und ich euch schon unter die Arme greifen.«

»Hat Olaf das auch gesagt?« Vincent sieht sie mit geweiteten Augen an.

»So direkt nicht«, antwortet seine Mutter. »Aber ich kenne doch meinen Mann. Auch wenn er manchmal bollert, ist er doch innen drin ganz lieb.«

Der Sommer wird von einem feuchtkalten Oktober abgelöst. Nina ist inzwischen so rund, dass sie von ihren alten Kleidern fast nichts mehr anziehen kann, und bewegt sich zunehmend schwerfälliger. Ihre Mutter hat sie mit lässigen Sweatshirts und Pullovern aus dem Jeansshop versorgt, und Vincent hat einen Babyflohmarkt ausfindig gemacht, wo sie eine Umstandshose, Babykleidung und sogar einen Kinderwagen gekauft haben. Gemustert in einem fröhlichen Orange mit Türkis, passend für Jungen *und* Mädchen.

»Siebzig Euro«, verkündet Vincent und schiebt ihn durch die Tür von Tanjas Getränkeladen. »Da kann man nichts gegen sagen. Neu kostet der mindestens das Dreifache. Und es ist sogar ein Winterfußsack dabei.«

»Sonst hätten wir ihn aber auch nicht genommen«, wirft Nina ein. »Den brauchen wir doch unbedingt, es ist ja jetzt schon arschkalt draußen. Stell dir vor, wenn erst mal Frost kommt.«

»Vom eigenen, selbst zusammengejobbten Geld bezahlt.« Vincent rollt den Wagen im Laden hin und her, führt die Bremsen vor, klappt das Verdeck auf und zu. »Ist er nicht noch toll in Schuss?«

Aber nicht immer ist Vincent so entspannt. Vor allem in der Schule würde er gern auch mal locker lassen, einen halben Vormittag lang nur aus dem Fenster sehen und träumen, eine Klausur schwänzen, zwei Stunden vor Schulschluss einfach verschwinden. Aber er wagt es nicht, zu wichtig ist ihm sein Abschluss, und er spürt mit jedem Tag mehr, wie viel er nachholen muss, um seine in letzter Zeit etwas besseren Noten halten zu können. Noch immer bereitet ihm Englisch am meisten Mühe, er begreift die Grammatik nicht, das Gerundium in der Vergangenheit bringt ihn fast um, solange er auch über den Büchern hängt, oft bis in den Abend hinein. Ninas beste Freundin Sophia bietet ihm Hilfe an, doch er traut ihr nicht.

»Sei nicht so nachtragend«, beschwört ihn Nina. »Sophia ist in Englisch top, und sie hilft dir gerne! Damals war sie sauer wegen Carolin, aber das ist doch Schnee von gestern. Sie will auch mal auf unser Baby aufpassen, damit wir abends zusammen losziehen können. Außerdem ist sie total froh, dass wir wieder zusammen sind.«

Vincent findet, dass das eigentlich niemanden etwas anginge, dennoch stimmt er zu, dass Sophia ihm alles noch einmal in Ruhe erklärt – zu Hause bei Nina, wo er in letzter Zeit oft die Abende verbringt. Aber kaum haben sie angefangen, klappt Vincent das Buch wieder zu.

»Ich streike«, verkündet er und lässt sich auf Ninas Bett nach hinten fallen. »Nach sieben Stunden Schule, eineinhalb Stunden Prospekte austragen und den Hausaufgaben geht gar nichts mehr. Vertagen wir uns auf Freitag?«

»Freitag sehen wir uns die Entbindungsklinik an«, erinnert ihn Nina, die gerade mit einem Teller belegter Brote aus der Küche kommt. »Da könnt ihr das Pauken vergessen.«

Vincent verdreht die Augen. »Mir bleibt auch nichts erspart«, stöhnt er.
»Dir? Du musst ja nicht entbinden«, gibt Nina zurück und hält ihm den Teller hin.
»Zum Glück.« Vincent versucht, nicht allzu erleichtert zu klingen, und beißt in ein Salamibrot. Er beneidet Nina nicht um das, was sie noch vor sich hat, doch durch den Geburtsvorbereitungskurs, zu dem er sie fast jedes Mal begleitet hat, scheint ihre anfängliche Panik einer normalen Aufregung gewichen zu sein.

An einem der wenigen sonnigen Tage in diesem nassen Oktober lässt Vincent jedoch noch einmal alle Verpflichtungen sein und verabredet sich mit Marcel.
»Ohne Frauen«, fordert dieser am Telefon. »Nur die Fahrräder, eine leere Wand, wir beide und ein fetter Rucksack voller Sprühdosen. Alles klar?«
»Klar.« Vincent grinst in sich hinein. »Hoffentlich sind meine Dosen nicht schon völlig eingetrocknet. Ich bin schon jahrhundertelang nicht mehr zum Malen gekommen.«
Die leere Wand, die Marcel angekündigt hat, ist in Wirklichkeit ein alter Wohnwagen, der zwischen selbst jetzt im Herbst noch hohen Gräsern ganz in der Nähe der alten Gleise steht, wo Vincent umhergestreift ist, als er gerade die Nachricht von Ninas Schwangerschaft erhalten hatte. Vincent stellt sich vor die Fensterscheibe und versucht ins Innere zu spähen, doch viel erkennt er nicht.
»Scheint verlassen zu sein«, stellt er fest. »Die alte Gardine da drin ist völlig vergilbt, man sieht nicht ein bisschen.«
Marcel rüttelt an der Tür. »Abgeschlossen. Schade eigentlich. Das wäre was, so ein Wohnwagen hier in der Einöde, nur für uns beide, von dem unsere Mädchen nichts wissen. Gerade wenn du bald Vater bist. Wir richten uns das ein und treffen uns

hier ab und zu, um mal nur unser Ding zu machen. Einfach mal Blödsinn reden, malen, versaute Witze machen. Und wir richten uns das richtig cool ein.«

»Brauchst du das denn auch, ab und zu Abstand von deiner Bianca? Ihr seid doch das Traumpaar des Jahres, du warst am Anfang so heiß auf sie.«

»Bin ich auch immer noch. Aber du und ich, wir treffen uns viel zu selten mal allein, und das liegt nicht nur an Nina und ihrem Babybauch. Mist, dass wir nicht reinkönnen. Ich würde zu gerne wissen, wie es da drin aussieht. Bestimmt völlig versifft.«

»Dann können wir die Hütte sowieso vergessen. Wenn es da drin total verkeimt und verschimmelt ist und wir erst alles rausreißen müssen, wird nichts draus.«

»Hör mal! Das macht doch Bock, wir ackern nur ab und zu mal ein paar Stunden, dann sind wir schnell fertig! Ganz ohne Stress, aber du musst doch mal was anderes sehen als immer nur Windeln und Fläschchen! Hier könnten wir auch unsere Farben lagern, beide zusammen, und müssen nicht immer alles von zu Hause mitschleppen. Hier am Bahndamm gibt es so viele Möglichkeiten …«

»Wir haben nicht mal einen Schlüssel für die Bude.«

»Na und? Die brechen wir auf, Mann, und bauen ein neues Schloss ein. Ist doch 'ne Kleinigkeit.«

»Nicht für mich. Marcel, ich hab keine Kohle für so was. Alles, was ich beim Jobben verdiene, geht für das Kind drauf. Ich will meinen Eltern nicht so auf der Tasche liegen, Mann. Je eher Nina und ich auf eigenen Füßen stehen, desto besser. Ich kann kaum noch die Farbdosen bezahlen. Komm, vergiss das Ganze und lass uns endlich anfangen zu malen.«

Jetzt lässt Marcel, der die ganze Zeit das Türschloss untersucht hat, die Arme sinken.

»Du bist so ein Idiot, Löschner«, sagt er. »Wer redet denn von

Geld? Kein Mensch! Meinst du, ich habe ’ne Bank ausgeraubt oder den letzten Jackpot geknackt? Ich hab auch nur das Taschengeld, das meine Eltern mir geben, und das sind gerade mal sechzig Eier. Davon geht das meiste noch drauf, wenn ich mit Bianca weggehe. Aber das ist scheißegal! Wir …«

»Warte.« Vincent tastet nach seiner Hosentasche, schiebt seinen Fleecepulli ein Stück hoch, zieht sein Handy hervor und wirft einen Blick auf das Display. Im selben Moment wird er bleich.

»Nina«, stößt er hervor, es ist der erste Nachmittag in diesem Jahr, in dem die ausgestoßene Atemluft als Wolke vor den Mündern zu sehen ist. »Sie hat mir fest versprochen, mich heute nur im absoluten Notfall anzurufen. Da stimmt was nicht.«

Marcel schüttelt den Kopf und will ihm eine Dose in die Hand drücken. »Sie ist hysterisch«, meint er. »Bis zur Geburt dauert es noch fast drei Wochen, hat sie neulich erst gesagt. Komm, wir fangen an.«

Aber Vincent schüttelt den Kopf. »Ich kann nicht«, stößt er hervor. »Ich hab Nina versprochen … das ist kein Fake, Marcel, wirklich nicht. Ich spüre es ganz genau.«

»Dann geh ran«, entgegnet sein Freund und dreht sich zum Wohnwagen um, malt bereits Umrisse von einer Figur, die Vincent nicht deuten kann, er kann nichts aufnehmen, sein Kopf erscheint ihm voll und leer zur selben Zeit. Ohne wirklich etwas zu sehen, starrt er auf sein Handy, will die Rufannahmetaste drücken, merkt erst jetzt, dass es gar nicht mehr klingelt. Einen Augenblick lang ist ihm so schwindlig, dass er meint, jede Sekunde den Halt zu verlieren. Hinter sich vernimmt er das leise Zischen von Marcels Sprühkopf.

Dann rennt er los.

ELF

Als er erhitzt und außer Atem bei Nina ankommt, hat sie alle zehn Minuten Wehen. Ihre Mutter geht mit ihr in der Wohnung auf und ab, und in den Wehenpausen packen sie den Koffer für die Klinik.

»Wir nehmen diesen Strampler«, verkündet Nina entschieden und zeigt Vincent ein winziges Plüschteilchen mit einer kleinen Ente darauf, in ähnlichen Farben wie der Kinderwagen. Vincent nickt nur und spürt, wie trocken seine Kehle ist, doch er wagt nicht, um etwas zu trinken zu bitten, obwohl er den ganzen Weg gerannt ist, es waren bestimmt drei Kilometer vom Wohnwagen aus. Es kommt ihm so unwichtig vor, so nebensächlich. Nina hat jetzt die Geburt vor sich, da darf er nicht an sich denken, und als sie den kleinen Strampelanzug in ihren Koffer legt, wird ihm mit einem Schlag klar, dass es jetzt losgeht. Dass es jetzt wirklich so weit ist. Das Kind kommt zur Welt, sein und Ninas Baby. Nur noch ein paar Stunden trennen ihn davon, Vater zu sein. Genauso Vater wie Olaf einer ist und doch ganz anders. Vincent versucht, sich ganz auf Nina zu konzentrieren, hält sie in den Armen, wenn eine neue Wehe anrollt, atmet mit ihr, wie sie es im Geburtsvorbereitungskurs gelernt haben.

»So schlimm ist es gar nicht«, sagt Nina. »Ich glaube, ich packe das doch ganz gut.«

»Logisch packst du das«, bestätigt Vincent und versucht, Steffis Blick zu ignorieren, doch es stört ihn, dass sie überhaupt da ist, aber es ist ihre Wohnung, sie können sie schlecht wegschicken. Vincent weiß genau, was der Blick bedeuten soll: Du weißt nicht, was noch kommt, Mädchen, das ist erst der Anfang. Er ist froh, dass Nina es nicht gesehen hat.

Gegen Mitternacht kommen die Wehen in kürzeren Abständen und werden auch stärker. Immer häufiger stöhnt Nina jetzt laut, in den Pausen geht sie zur Toilette.

»Ich blute«, meint sie irgendwann und ist ganz blass, auch die Lippen, obwohl Steffi gleich sagt, das sei normal und eine Geburt ohne Blut gäbe es nun mal nicht.

»Wenn du willst, fahren wir jetzt«, schlägt sie vor. »Dann hast du die Hebamme bei dir, sie kann dir am besten helfen.«

»Aber ihr bleibt doch auch?«, fragt Nina und klammert sich an Vincent, schon wieder kommt eine Wehe, sie bückt sich und lehnt sich an ihn, stößt einen jammernden Laut aus und krallt sich in seinen Pulloverärmel. Kurz darauf steuert Steffi ihr Auto mit kaum spürbarer Nervosität durch den ruhigen Nachtverkehr, Vincent hält seine Freundin im Arm. Immer wieder stöhnt Nina auf, einmal schreit sie beinahe. Nach sieben Wehen haben sie die Klinik erreicht.

Auf der Entbindungsstation werden sie von einer Hebamme, einer hochgewachsenen Frau etwa in Steffis Alter, begrüßt und in einen Kreißsaal geführt.

»Ich bin Martina«, sagt sie mit einem strahlenden Lächeln und reicht zuerst Nina, dann ihrer Mutter und schließlich Vincent die Hand. Vincent ist froh, dass er vorher mit Nina schon einmal hier war und das Zimmer bereits kennt. Einen Kreißsaal hatte er sich früher ganz anders vorgestellt; der Raum, in dem Nina sich nun auf ein Bett legen darf und ihr Bauch an den Wehenschreiber angeschlossen wird, gleicht eher einem gemütlichen Schlafzimmer. Die Wände sind in einem warmen Orangeton gestrichen; passende Vorhänge verstärken die sonnige, beruhigende Atmosphäre. Statt einer grellen Deckenlampe verbreiten nur ein paar heruntergedimmte Wandspots ein gedämpftes Licht. Vincent denkt daran, dass es so viel angenehmer für die Babys sein muss, wenn sie zum ersten Mal die Augen öffnen.

Der Wehenschreiber zeichnet Kurven auf einen Endlosstreifen Papier, Vincent kann kaum seinen Blick davon wenden. Jedes Mal beginnt es mit kleinen Zacken, die schnell größer werden, bis es plötzlich steil bergauf geht; das ist immer der Moment, in dem Nina am lautesten klagt. Manchmal greift sie dabei nach seiner oder Steffis Hand. Nie hätte Vincent gedacht, dass sie so fest zupacken kann.

»Alles in bester Ordnung«, verkündet Martina mit einem Blick auf den Streifen und lächelt immer noch, während sie den Wehenschreiber wieder löst. »Der Muttermund ist schon drei Zentimeter weit geöffnet, die Herztöne des Babys sind auch in Ordnung. Du machst das ganz toll, Nina.« Sie tätschelt ihr die Wange. »Dann lasse ich euch jetzt noch ein bisschen allein. Ihr könnt auf und ab gehen, Musik hören, Nina kann sich auf den Gymnastikball setzen, und wenn ihr wollt, könnt ihr auch in die Badewanne. Danach ziehst du dann das Kliniknachthemd an, das dort drüben auf dem Stuhl liegt. Aber dann ruft mich vorher, damit ich euch alles zeige. Und natürlich auch, wenn ihr mich sonst irgendwie braucht.« Damit verschwindet sie.

»Auf und ab gehen?« Nina tippt sich an die Stirn. »Baden? Die hat sie nicht alle. Die Wehen kommen alle vier Minuten, in der Zeit komme ich nicht mal über den Flur.« Im nächsten Moment wird sie wieder vom Schmerz gepackt. Vincent entdeckt Schweißperlen auf ihrer Stirn.

»Das Baden kann sehr entspannend wirken«, gibt Steffi in Ninas Schrei hinein zu bedenken. »Habe ich bei dir damals auch gemacht. Zu Hause badest du doch auch gerne, und außerdem kann es die Wehen verstärken.«

Nina keucht, der Gipfel dieser Wehe scheint vorbei zu sein.

»Verstärken?«, japst sie. »Ich will, dass sie endlich vorbei sind, verdammt!«

»Je stärker die Wehen, desto schneller hast du es geschafft«, erinnert Steffi.

Ihre Tochter nickt und kneift die Lippen zusammen.

»Nicht verkrampfen«, mahnt Steffi. »Du musst mitarbeiten, atmen, nicht dich gegen die Wehe stemmen. Jede einzelne bringt dein Baby ein Stück voran.«

Und Nina versucht es. Sie steht auf, geht ein paar Schritte, setzt sich hin, hockt sich auf den Boden, kniet auf dem Bett, schaukelt auf dem Gymnastikball. Aber bei jeder neuen Wehe jammert sie lauter, verzweifelter. Vincent hält sich die Ohren zu, ganz kurz nur, ehe er sich in Gedanken einen Vollidioten schimpft. Zum Glück hat sie es nicht gesehen. So gut er kann, atmet er mit ihr, fragt immer wieder, was sie möchte, bringt ihr Tee, wischt ihr den Schweiß mit einem feuchten Tuch ab. Zwischendurch schickt Steffi ihn raus, sagt, er solle sich einen Kaffee holen und eine Kleinigkeit zu essen, doch nach zwei Minuten schon ist er zurück und flucht; die Cafeteria für Besucher ist natürlich nachts geschlossen, und die Schreie der Frauen aus den anderen Kreißsälen haben ihn fast um den Verstand gebracht. Eine Krankenschwester im blauen Kittel schickt ihn eine Etage höher, dort kann er sich immerhin einen Cappuccino aus einem Automaten ziehen, ein anderer spuckt für seine Euromünze einen Schokoriegel aus. Hinterher fühlt er sich kaum besser und es ist auch nicht viel Zeit vergangen. Mehr als vier Stunden sind sie nun schon im Kreißsaal.

Als Vincent zurückkehrt, geht Steffi los, um sich zu stärken. Er ist froh über die wenigen Minuten, die er dadurch mit Nina allein ist, doch sie scheint ihn kaum wahrzunehmen, wirkt in sich gekehrt, antwortet nur knapp, wenn er sie etwas fragt, ihr helfen will.

Es erscheint ihm endlos, ehe die Hebamme zurückkommt, um nach Nina zu schauen. Durch einen Spalt zwischen den Vorhängen am Fenster erkennt Vincent, dass es draußen immer noch dunkel ist, die Uhr an der Wand zeigt ein paar Minuten vor fünf. Ein Arzt begleitet Martina, stellt sich vor, doch seinen Namen hört Vincent nicht mal richtig. Er ballt die Fäuste in seinen Hosentaschen. Dieser Typ soll Nina gefälligst helfen, alles andere ist so was von egal.

Ein wenig erinnert sein Gesicht Vincent an Olaf. Aber wirklich nur ein wenig, der Arzt hat längst nicht so dichte Augenbrauen und ist schlanker.

»Ich taste jetzt nach dem Muttermund«, verkündet Martina und bittet Nina, sich wieder aufs Bett zu legen. Vincent sieht weg, als Nina ihr Kliniknachthemd hochschiebt, das sie seit ein paar Stunden trägt. Wieder hört er sie schreien und japsen, spürt ein Hämmern in seiner Schläfe, glaubt zu ersticken. Irgendwann muss das alles hier doch vorbei sein, es kann doch nicht Jahre so weitergehen. Sie können doch nicht zulassen, dass Nina sich so quält. Er hat den Eindruck, als gäbe es kaum noch Pausen zwischen den Wehen.

»Du machst das wirklich ganz toll«, hört er Martina sagen, mitten in Ninas Schrei hinein. »Dem Baby geht es gut, Muttermund acht Zentimeter. Tolle Leistung, Nina! In zwei Stunden ist euer Kind da.«

»Zwei Stunden noch?«, wiederholt Vincent entsetzt und sieht von seinem Stuhl aus wieder zu den beiden hin, spürt seine Fingerspitzen gefrieren. Martina legt den Saum des Nachthemds wieder über Ninas Hüften.

»Spätestens. Es kann auch schneller gehen.« Der Arzt hinter ihr nickt bestätigend.

Nina schüttelt heftig den Kopf, fängt an zu weinen. »Ich kann aber nicht mehr! Es tut so weh!«

Vincent streichelt ihre Schulter. »Du kannst dir jederzeit was geben lassen. Du weißt doch, diese Rückenmarksspritze.« Er

springt auf, wendet sich an Martina und den Arzt. »Meine Freundin braucht eine PDA«, motzt er sie an, »sehen Sie das nicht? Was stehen Sie hier so herum?«
Die beiden tauschen amüsierte Blicke, Vincent hört Steffi wie aus weiter Ferne mahnend seinen Namen rufen, es würde doch nichts bringen, jetzt solche Panik zu schieben. Nina schnauft und stöhnt, bäumt sich auf unter der neuen Wehe, danach wimmert sie nur noch leise, sie kann nicht mehr. Steffi hält ihre Hand und murmelt hilflos ein paar Worte, die beruhigen sollen. Am liebsten würde Vincent auch sie anschreien, sie soll nicht so einen Scheiß reden. Aber er hält sich zurück. Je weiter die Geburt voranschreitet, desto erleichterter ist er, dass sie mitgekommen ist.
»Natürlich kann sie eine PDA bekommen«, meint der Arzt und sieht Nina fragend an. Ihr laufen Tränen übers Gesicht, sie nickt. Vincent findet ein Papiertuch auf dem Nachttisch und will es ihr reichen, doch sie stößt seine Hand weg und schleudert einen zornigen Blick in seine Richtung.
»Dann bereiten wir jetzt alles vor.« Der Arzt wendet sich schon in Richtung Tür. »Wir sind gleich zurück. Bis die Betäubung wirkt, dauert es aber etwa zwanzig Minuten.«
»Zwanzig Minuten, Nina«, wiederholt Vincent und springt an ihre Seite. »Hast du gehört? Das schaffst du, auf jeden Fall! Ich bleibe bei dir. Komm, die nächsten Wehen veratmen wir zusammen.«
Aber die nächste Wehe scheint Nina den Verstand zu rauben. Sie stößt einen schrillen Ton aus, von dem er nie im Leben geglaubt hätte, dass der überhaupt in ihr steckt. Auf dem Höhepunkt des Schmerzes jedoch hält sie plötzlich die Luft an, presst ihre Lippen aufeinander, verkrampft ihre Hände, er sieht ihre Beine zittern. Gleichzeitig läuft sie rot an, sie muss doch Luft holen.
»Atme!«, schreit er und holt selber tief Luft, nicht wie sie es im

Kurs gelernt haben, auch er zieht die Luft bloß in seine Lungen und stößt sie wieder aus, hat vergessen, worauf es ankommt. Trotzdem versucht er es weiter. »Los, Nina, atme!«
»Kann ich aber nicht!«, wimmert sie, wenigstens dabei holt sie kurz Luft.
»Schrei sie nicht so an«, mahnt ihre Mutter. Vincent sieht, wie Nina ihr Gesicht anspannt, als die nächste Wehe kommt, sie überrollt, ihre Augen weiten sich in der Angst vor dem Schmerz, es muss unglaublich wehtun. Wo bleibt dieser verdammte Arzt, denkt Vincent, was ist das überhaupt für ein Idiot, der hat hier die Ruhe weg, als wäre Nina wegen eines Schnupfens im Krankenhaus. Er überlegt, ob er auf den Flur rennen soll, um ihn zu suchen, der soll sich gefälligst beeilen, was ist denn, wenn Nina ausgerechnet jetzt schlappmacht, wo es beinahe so weit ist? Wenn sie gleich in Ohnmacht fällt, weil sie die Schmerzen einfach nicht mehr aushält?
Martina kommt als Erste zurück, hinter ihr eine andere Frau, älter, mit rötlichem, von einzelnen Silberfäden durchzogenem Haar.
»Ich muss mich jetzt leider von euch verabschieden.« Martina reicht allen dreien die Hand, dieses Mal zuletzt Nina. Die starrt sie fassungslos an.
»Verabschieden? Wieso? Das Baby ist doch noch gar nicht da!«, bringt sie gerade noch knapp vor einer weiteren Wehe hervor.
»Die machen hier nur Mist!«, flucht Vincent. »Dieser Scheißarzt spielt wohl auch erst noch Karten in seinem Kackbüro!«
»Vincent!«, mahnt Steffi erneut. »So hilfst du Nina auch nicht.«
»Lassen Sie ihn«, beschwichtigt die ältere Frau sie und tritt näher ans Bett. »Das ist nur die Aufregung. Ich bin die Gudrun und löse Martina ab, sie hat jetzt Feierabend.«
»Feierabend«, jammert Nina, »den hätte ich jetzt auch gerne. Ich will nach Hause.«

»Wieso Feierabend?«, braust Vincent erneut auf. »Meine Freundin hat sich an Sie gewöhnt, und jetzt, wo es fast so weit ist, hauen Sie ab? Das hier ist wirklich kein Krankenhaus, das ist ein …«
Im selben Moment hört er ein leises, aber deutliches »Plopp«. Zwischen Ninas Beinen fließt Wasser, sie reißt die Augen auf, Vincent sieht, dass es klares Wasser ist, vielleicht mit ein bisschen Blut, er sieht nicht so genau hin.
»Ah, die Fruchtblase!« Gudrun sieht zufrieden aus. »Sie ist geplatzt, das wurde auch Zeit. Dann geht es jetzt bald richtig los. Das schaffen wir schon, nur Mut.«
Martina verschwindet, Nina schreit, der Wehenschreiber zeigt immer steilere Zacken in immer kürzeren Abständen, und endlich, endlich kommt der Arzt zurück. Vincents Knie zittern, er weiß nicht, ob er dem Mann um den Hals fallen oder ihn verprügeln soll, er möchte wegrennen und klebt doch am Boden fest, an Nina, ihm ist, als ob er alle Stimmen und Geräusche nur noch aus weiter Ferne hört, als er den Arzt die Spritze aufziehen sieht, spürt er nichts mehr, in seinen Ohren rauscht es, aber er will keiner von diesen Witzfiguren sein, jenen Jungvätern, die bei der Geburt umkippen.
»Gehen Sie beide bitte kurz auf den Flur«, fordert der Arzt ihn und Steffi auf. »Wenn Nina so weit ist, rufen wir Sie.« Mit einer Handbewegung zur Tür hin unterstreicht er seine Aufforderung, Vincent zögert, doch Steffi hat sich schon umgedreht, und nun schiebt ihn Gudrun von Ninas Bett fort. Um nichts in der Welt würde er es zugeben, doch sobald er die Tür hinter sich geschlossen hat, kommt er immerhin wieder so weit zu sich, dass er keine Angst mehr hat, umzukippen.
»Du darfst nicht die Nerven verlieren«, redet Steffi auf ihn ein. »Das hört sich alles schlimm an, wenn Nina so schreit, und so eine Geburt ist auch wahrlich kein Spaziergang. Aber es läuft

alles ganz normal und prima ab, das ist das Wichtigste. Komm, nimm dir da hinten noch was zu trinken, einen Orangensaft oder so.« Sie deutet mit der Hand auf einen Wagen am anderen Ende des Ganges. »Dazu wirst du jetzt eine ganze Weile nicht kommen.«
Aber Vincent schüttelt den Kopf, er will nicht so weit weggehen, es drängt ihn zu Nina zurück, die er hinter der Tür stöhnen hört. Die sollen sich beeilen da drin, denkt er, nicht dass das Kind noch ohne ihn zur Welt kommt. Steffi geht jetzt selbst nach hinten und kommt mit einem Glas Saft für ihn zurück, er stürzt es in einem Zug hinunter und stellt erstaunt fest, wie viel besser er sich danach fühlt. Er denkt an Nina.
»Du musst kein schlechtes Gewissen haben«, meint Steffi, als hätte sie erraten, was in ihm vorgeht. »Sie würde jetzt gar keinen Orangensaft wollen und auch nichts anderes. Für dich ist das auch hart, heute. Und gerade jetzt musst du durchhalten.«
Vincent will etwas erwidern, da öffnet sich die Tür von innen und der Arzt kommt heraus.
»Bitte«, sagt er und gibt die Tür frei. »Auf zum Endspurt. Ich bin sofort wieder bei Ihnen.«
Mit zwei langen Schritten ist Vincent wieder an Ninas Bett. Gudrun legt weiße Tücher vor ihren Schoß, legt auf dem Wickeltisch, den Vincent bis dahin kaum wahrgenommen hat, ein paar Geräte zurecht, spricht Nina unablässig Mut zu. Vincent denkt, dass er sie fast noch sympathischer findet als Martina; vielleicht gerade weil sie schon älter ist. Sie hat bestimmt schon Tausenden von Kindern auf die Welt geholfen, vielleicht sogar ihm. Möglich wäre es.
»Wie geht's dir?«, fragt er Nina und will sie umarmen, legt seine Hand auf ihre Schulter.
»Fass mich nicht an, du Idiot!«, faucht sie jedoch, krümmt sich, stößt wieder einen lang anhaltenden Klagelaut aus. Die Spritze

scheint noch nicht richtig zu wirken. Vincent schiebt seinen Stuhl schräg hinter sie, so kann er in ihrer Nähe bleiben, ohne sie zu nerven. Die Hebamme dreht sich um und wirft ihm einen Blick zu, in dem er Anerkennung liest.

»Jetzt lässt es nach«, keucht Nina ein paar Minuten später. Ihre Haare sind nass vor Schweiß und kleben an ihrem Kopf, aber ihr Gesicht entspannt sich. Endlich, denkt Vincent.

»Na bitte, sag ich doch. Spüren Sie die Wehen noch?«

Nina nickt. »Aber so kann ich sie aushalten. Warum habe ich bloß nicht früher nach der PDA gefragt?«

Und dann, wenige Minuten später, bemerkt Vincent, dass eine Veränderung durch Ninas Körper geht. Hat sie sich eben noch entspannt und wäre fast vor Erschöpfung eingeschlafen, ist sie nun wieder hellwach und jammert auch wieder etwas. Hält die Luft an. Gudrun stellt sich am Fußende des Bettes auf und gibt Vincent mit einer Handbewegung zu verstehen, dass er aufstehen soll.

»Es ist so weit«, sagt sie, »die Presswehen kommen. Jetzt noch nicht schieben, Nina, sondern hecheln. Wie ein Hund, so wie Sie es gelernt haben.«

»Kann ich nicht«, stößt Nina hervor. »Ich muss schieben, es drückt so!«

»Vincent, machen Sie mit, hecheln Sie!«

Vincent streckt seine Zunge ein Stück heraus und hechelt, versucht an den Kurs zu denken, sein Herz hämmert. Nina versucht es jetzt auch, sie wimmert, schafft es nicht ganz, aber dann gelingt es ihr doch.

»Ganz toll machst du das«, bestätigt Gudrun auch sofort. »Das geht jetzt noch bei drei, vier Wehen so, dann sage ich dir Bescheid, wenn du pressen darfst.«

Diese Zahl, drei oder vier Wehen, bis es endlich so weit ist, spornen Nina an. Vincent sitzt jetzt neben ihr und hält ihre rechte

Hand, eine Krankenschwester die linke, Steffi sitzt gegenüber vom Kreißbett.
»Wir schaffen das noch vor sieben Uhr«, prophezeit Gudrun nach zwei weiteren veratmeten Wehen. »So, Nina.« Die Hebamme berührt Ninas Bauch, prüft noch einmal die Lage des Kindes, schaut auf den Wehenschreiber. »Jetzt ganz kräftig nach unten schieben. So kräftig du kannst.«
Und Nina schiebt. Vincent stützt sie am Hinterkopf ab.
»Noch ein bisschen kräftiger«, fordert Gudrun sie auf. »Ja, super machst du das. Noch einmal.«
Nina schiebt und schiebt, dann kann sie nicht mehr, erneut stößt sie Vincents Hand weg und lässt sich nach hinten auf ihr Kissen fallen.
»Ja, ruh dich etwas aus. Möchtest du etwas trinken? Vincent, du kannst ihr einen Schluck Wasser geben.«
Vincent nimmt das Glas, das schon länger für sie bereitsteht, und setzt es ihr an die Lippen, dann geht es auch schon weiter, die nächste Presswehe kommt.
»Kräftig schieben, Nina, so wie eben gerade, nur noch ein bisschen stärker – ja, super, jetzt ausatmen!«
Nina schiebt, ihr Gesicht ist nass von Schweiß, Vincent will es ihr abwischen und streichelt sie, aber sie wischt seine Hand fort wie eine aufdringliche Fliege. »Lass mich, hab ich gesagt!«, zischt sie, sie zittert am ganzen Körper. Als die nächste Wehe kommt, sucht sie doch wieder nach Vincents Hand.
»Noch einmal schieben!«
Aber jetzt ist es für Nina zu früh, sie hat sich noch nicht richtig erholt, japst noch unter der Erschöpfung.
»Schieben, Nina, keine Angst haben, immer schön nach unten drücken!«
»Ich will aber nicht! Ich will nach Hause!« Tränen rollen ihr über die Schläfen. »Ich kann nicht mehr!«

»Doch, ich spüre genau, wie viel Kraft du noch hast. Das Köpfchen ist gleich da!«

»Mir doch egal! Es tut so weh!«

»Einmal noch, Nina, bitte! Du hast es gleich geschafft.«

Nina schiebt, und jetzt wirbeln tausend Gedanken und Bilder in Vincents Kopf durcheinander. Er sieht Nina an dem Tag, als er sie zum ersten Mal traf, erinnert sich an ihren ersten Kuss, daran, wie sie Schluss gemacht hat und wie er sie unverhofft wiedergesehen hat, sie hatte in einer Villa bei reichen Leuten als Servicekraft ausgeholfen, im kurzen Rock, er war ihr mit einem Kasten Sekt auf den Armen begegnet und hatte sofort wieder diese Faszination gespürt, die nur sie in ihm auslösen kann. Er sieht sie beide wieder vereint, eng umschlungen, vielleicht an dem Abend, als sie dieses Baby gezeugt haben, die Hebamme ruft, es habe schwarze Haare, wie kann das sein, wo er doch blond ist und sie dunkelblond, aber Olaf hat dunkles Haar, so was vererbt sich auch über mehrere Generationen.

»So, Nina. Das Köpfchen ist geboren. Nur noch einmal schieben. Kommen Sie mal her, Vincent, schauen Sie. Den Rest schafft sie allein.«

Vincent steht auf und tritt ans Fußende des Bettes, wo Ninas Beine je über einer Halterung liegen wie auf dem Stuhl beim Frauenarzt; Gudrun hat gesagt, so sei das Pressen leichter.

»Schau«, sagt sie, »jetzt haben wir es gleich, und es ist ein …« mit einer geschickten Drehung bringt sie erst eine Schulter, dann die andere zum Vorschein, dann zieht sie kurz, und …

»Ein Junge!«, verkündet sie, und es ist wahr, ein glitschiger kleiner rosa Körper liegt auf einmal zwischen Ninas Beinen, streckt unsicher die Arme aus, er bewegt sich wirklich, auch die Füße, er gurgelt, es hört sich an, als ob er schimpft, dann ein kleiner Schrei, er ist richtig lebendig, und ganz so dunkel sind die Haare nicht, es ist ein Junge, Vincent sieht den winzigen Pipimann, fünf Fin-

ger zählt er an jeder Hand und auch die Füße, das sind doch sechs Zehen, nein, doch fünf, am Kopf hat er Blut, aber das ist wohl von Nina, er bewegt sich, krümmt die Finger und streckt sie wieder aus, jetzt blinzelt er, er friert doch sicher, aber Gudrun wickelt ihn schnell in ein vorgewärmtes Handtuch, dann legt sie ihn Nina in den Arm, Vincent setzt sich sofort wieder ganz dicht daneben. Er weint, küsst Ninas Haar, ihre Wangen, sie küsst ihn nicht zurück, kann noch nicht, aber sie weint auch, es ist überstanden.
»Ein neuer Mensch«, sagt Vincent mit rauer, leiser Stimme. »Eben waren wir noch zu zweit, und jetzt ist er da, Nina, schau nur. Unser Sohn ist da«, und mit diesem Satz fühlt er sich auf einmal riesengroß, unbesiegbar, ihm kann nichts mehr passieren, solange er lebt, denn er ist Vater, er hat einen Sohn.
Gudrun kommt und hebt den Kleinen hoch, er muss untersucht werden, auch wenn Vincent und Nina protestieren. Steffi tritt hinzu und gratuliert beiden, auch in ihren Augen glitzern Tränen, Vincent denkt, dass sie sich bestimmt an früher erinnert fühlt, an damals, als Nina geboren wurde. Er wundert sich, dass ihre Gegenwart ihn jetzt nicht mehr stört.
»2983 Gramm und genau 50 Zentimeter!« Gudrun lacht und gibt Nina das Baby zurück. »Herzlichen Glückwunsch, junge kleine Familie! Wie soll er denn heißen?«
Vincent und Nina schauen zuerst sie, dann einander an, ein wenig ratlos, Nina hat nur über Mädchennamen nachgedacht und Vincent hat sich gar nichts überlegt. Eine Cheyenne ist es nun nicht geworden. »Sag du«, fordert Nina ihn leise auf, es sind ihre ersten Worte nach der Geburt.
Vincent sieht seinen Sohn an. Die Hebamme hat ihm das Blut ein bisschen abgewischt, auch die schmierige Schicht am Körper, die die Haut im Mutterleib geschützt hat. Der Kleine hat jetzt beide Augen offen, ganz dunkelblau sind sie, und die Haare, die auch schon ein wenig getrocknet sind, scheinen doch ziemlich

hell zu sein. Man kann noch nicht sagen, wem er ähnelt, aber er ist so süß, so zart, Vincent kann sich nicht sattsehen an seinem Sohn. Einen hellen, freundlichen Namen soll er bekommen. Lang muss er nicht sein, sonst muss er später in der Schule so viel schreiben. Ein Name mit i wäre gut.
Vincent nimmt die winzige Hand seines Sohnes, sieht ihn an, dann Nina, Steffi und schließlich Gudrun. Dieses großartige Gefühl breitet sich nun ganz und gar in ihm aus. Er ist der Vater, er darf den Namen aussuchen. Vincent strahlt, jetzt strahlt er wie schon ewig nicht mehr, alle Probleme sind weg oder so leicht zu meistern, dass er nur laut lachen könnte, wenn er daran denkt, was ihn während der vergangenen Monate alles umgetrieben hat. Es war alles so lächerlich im Vergleich zu dem, was jetzt ist, im Vergleich zu seinem Sohn. Vincent hat ein Wunder erlebt. Er beugt sich hinunter und gibt seinem Kind einen Kuss. Noch nie hat er so etwas Zartes, Süßes gefühlt wie diese Wange, und hinterher sieht es aus, als ob Finn ihn ansieht. Finn, so heißt er. Es gibt gar keinen Zweifel daran. Genau das ist sein Name, es ist, als ob Vincent es schon immer gewusst hat. Er holt tief Luft, richtet sich auf. Und dann sagt er es allen.

ZWÖLF

Vincent kann sich nicht losreißen von seinem Sohn. Immer wieder streicht er mit dem Zeigefinger über die weichen Wangen, die zarten Nasenflügel, die winzigen rosa Lippen, die von der Anstrengung der Geburt noch etwas geschwollen sind, ebenso die Augenlider.

»Ich werde alles für dich tun, kleiner Finn«, flüstert er ihm zu. »Du wirst das schönste Leben haben, das du dir nur vorstellen kannst. Auf deinen Papa kannst du zählen, das verspreche ich dir.«

»Das sind ja große Worte«, erwidert Nina mit einem Lächeln. Ihre Erschöpfung ist ihr kaum noch anzumerken, auch sie schaut ihr Baby unablässig an. Zum Glück ist sie taktvoll genug, um ihn nicht daran zu erinnern, was für eine Szene er ihr gemacht hat, als er von der Schwangerschaft erfuhr.

Finn liegt friedlich im Arm seiner Mutter.

»Mach doch mal ein Foto von ihm«, sagt Nina.

»Mist, ich hab die Kamera vergessen!«, flucht Vincent und blickt zu Steffi hinüber, doch auch sie hebt die Schultern und schüttelt den Kopf. »Wir waren einfach alle zu aufgeregt.«

»Dann mit dem Handy«, beharrt Nina. »Das hast du doch hoffentlich nicht verloren, Vincent?«

Über sein Gesicht gleitet ein Leuchten, natürlich, das Handy hat er dabei und die eingebaute Kamera ist gar nicht so schlecht. Ein paar Fotos kann er schießen, sogar mit Blitz, sie werden nicht optimal, sind aber besser als gar nichts. Auch die Hebamme kommt mit einer Kamera und fotografiert das Baby und die neue kleine Familie. »Wir drucken es gleich aus«, verkündet sie. »Dass die Eltern ihren Fotoapparat vergessen, kommt öfter vor, als Sie denken.«

Finn, der alles ruhig über sich ergehen lassen hat, scheint müde zu werden, doch ehe er richtig einschläft, kommt eine Kinderschwester und hebt ihn sachte hoch.

»Lassen Sie ihn noch hier, bitte!«, fleht Vincent, der sofort mit aufgesprungen ist und nach Finns Hand greift. Dessen winzige Finger packen sofort fest zu und schließen sich um den Zeigefinger seines Vaters. Vincent staunt, wie viel Kraft der Kleine schon hat.

»Sie bekommen ihn bald zurück«, verspricht die Schwester. »Aber jetzt wird er noch einmal untersucht, danach baden wir ihn und ziehen ihn an. Die junge Mutti kommt inzwischen in ihr Zimmer, Sie können sie gerne noch dorthin begleiten, damit Sie sie später wiederfinden, wenn Sie zu Besuch kommen. Aber dann sollte sie sich ein wenig ausruhen.«
»Kann ich duschen gehen?«, erkundigt sich Nina, die noch immer in ihrem schweißnassen Kliniknachthemd auf dem Kreißbett liegt. Die blutigen Tücher hat die Hebamme weggebracht.
»Gern«, stimmt die Schwester ihr zu. »Wir fahren Sie gleich rüber auf die Station, und wenn Sie sich gut fühlen, ist nichts dagegen einzuwenden.«
»Du kannst doch noch nicht aufstehen«, warnt Vincent und blickt über die Schulter zu ihr, lässt seinen Sohn aber noch immer nicht los.
»Doch, das kann Nina.« Die Kinderschwester zwinkert ihr zu. »Wir Frauen sind nach der Geburt schnell wieder auf den Beinen, wenn alles gut gegangen ist. Und das ist es ja. Nicht, Finn?«
Aus dem Augenwinkel bemerkt Vincent Ninas Mutter, die beginnt, ein wenig unruhig durchs Zimmer zu gehen.
»Ich werde dann mal nach Hause fahren«, verkündet sie und greift nach ihrer Umhängetasche, fährt sich mit der Hand durch die blonden Locken, überprüft über dem Waschbecken kurz ihr Spiegelbild. »Du willst nicht mitkommen, Vincent?«
Die Kinderschwester löst Finns kleine Hand von seinem Zeigefinger, beide stoßen einen leisen Protestlaut aus. Was ist, wenn sie ihn jetzt vertauscht, denkt Vincent; hier sind doch bestimmt noch zig andere Babys, ich muss auf ihn aufpassen, Nina kann ja nicht mit ins Säuglingszimmer. Aber Gudrun, die inzwischen den Kreißsaal weiter aufgeräumt hat, kommt mit einem kleinen Armband aus weißen und hellblauen Plastikperlen und legt es vorsichtig um Finns Handgelenk. Vincent sieht, dass sein

Nachname draufsteht, Ninas Nachname, Schönwald. Auf einmal stört es ihn, dass Finn nicht seinen Nachnamen Löschner trägt. Aber das geht nur, wenn die Eltern verheiratet sind.
»Ich kann noch nicht weg«, antwortet er und überhört das leise Kichern von Gudrun und der Kinderschwester. »Ich will noch bei Finn bleiben, und ich bringe Ninas Kliniktasche in ihr Zimmer. Außerdem kann ich jetzt nirgendwo einsteigen. Ich glaube, ich laufe nach Hause.«
»Das sind mindestens fünf Kilometer«, gibt Steffi zu bedenken, und jetzt kichert auch Nina, die ganz genau weiß, wie sehr Vincent sonst alles verabscheut, was mit Sport zu tun hat. Aber er lässt sich nicht beirren. Sollen sie doch lachen, denkt er, denn er hat jetzt einen Sohn und fühlt, dass mit Finns Leben auch für ihn etwas ganz Neues begonnen hat. Steffi beugt sich über Nina und küsst ihre Stirn, dann richtet sie sich auf und gibt ihm die Hand.
»Wir sehn uns«, sagt sie, und er denkt, dass sie ihn lange nicht so wohlwollend angesehen hat wie jetzt, vielleicht noch nie. »Und herzlichen Glückwunsch zum Sohn, übrigens.«
»Dir auch«, gibt Vincent zurück und lacht. »Zum Enkelsohn, meine ich. Bist ja 'ne richtig junge Oma.«
»Nenn mich nur nicht so!«, mahnt Steffi. »Für mich ist der Zwerg ein Kind mehr, das ich zu Hause habe. Mit fünfunddreißig hätte es auch noch sehr gut meins sein können.«
»Ist es aber nicht«, protestiert Nina.
Dann geht Steffi, und eine andere Krankenschwester kommt und schiebt ein Bett herein, beglückwünscht alle Anwesenden und bittet Nina, sich hineinzulegen. Vincent ist mit einem Schritt bei ihr, um sie zu stützen, aber sie kann es wirklich allein. Dennoch spürt er ihre Erleichterung, als sie wieder liegt. Die Kinderschwester trägt Finn, der noch immer in zwei dicke Handtücher eingewickelt ist, zur Tür, Nina wird hinterhergeschoben. Doch auf dem Flur sieht Vincent, dass Finn in eine andere Richtung getra-

gen wird als dorthin, wo Ninas Zimmer offenbar liegt. Er wendet sich hin und her, weiß nicht, wohin er gehen soll, er will seinen Sohn nicht aus den Augen lassen, aber Nina erwartet sicher, dass er sie begleitet.

»Vertrau der Schwester, Vincent.« Steffi legt von hinten ihre Hand auf seine Schulter. »Sie wird dem Süßen schon nichts tun, jetzt hat er auch sein Armbändchen und kann nicht vertauscht werden. Geh mal noch mit uns in Ninas Zimmer und dann bald nach Hause, hm? Du hast ja auch die Nacht durchgemacht.«

»Ich kann jetzt nicht schlafen!«, ruft er, als hätte sie von ihm etwas ganz Absurdes verlangt. »Auf keinen Fall, dazu bin ich viel zu aufgewühlt.«

»Nicht schlafen, in kein Auto einsteigen«, wiederholt Ninas Mutter mit einem amüsierten Lächeln. »Dich scheint's ja mächtig erwischt zu haben, junger Papa. Sieh mal zu, dass du dich nicht gleich am ersten Tag völlig verausgabst.«

Vincent schüttelt so heftig den Kopf, dass seine langen Haare fliegen, dann eilt er aber doch neben Ninas Bett her und hält im Gehen ihre Hand. Hinter einer breiten Doppelglastür zählt er vier Türen, dann hält die Schwester an und öffnet eine.

»Zimmer 412«, liest Steffi laut vor. Dann beugt sie sich zu ihrer Tochter hinunter und küsst sie abermals. »Tschüss, Süße, ruh dich schön aus. Ich komm am späten Nachmittag noch mal her.«

Nina wird ins Zimmer geschoben, Vincent sieht gleich, dass sie am Fenster liegen darf, dort ist noch Platz für ein Bett frei. Auf der anderen Seite liegt bereits eine Frau, neben ihr ein schlafendes Baby in einem winzigen Bettchen auf einem hohen Gestell mit Rollen und durchsichtigen Wänden. Die Frau trägt kein Kliniknachthemd mehr, sondern ihr eigenes, ein sonnengelbes Sleepshirt. Das Baby sieht rosig und glatt aus, längst nicht so rot und verquollen und mit Schmiere überzogen wie Finn. Aber Vincent findet trotzdem, dass Finn viel schöner ist.

»So jung und schon Mutti geworden?«, fragt die Frau im Nachbarbett. Vincent sieht Nina an und denkt, dass sie diese Frage in nächster Zeit wohl oft hören werden. Er ist gespannt auf ihre Reaktion, aber Nina schenkt ihrer neuen Bettnachbarin ein strahlendes Lächeln.

»Ich finde, die Geburt ist ein tolles Erlebnis«, sagt sie, als wäre es das Normalste der Welt, mit sechzehn schon Mutter zu werden. »Wann ist Ihr Baby geboren?«

»Lea ist jetzt drei Tage alt«, berichtet die Frau. »Morgen können wir nach Hause. Manche gehen auch gleich nach der Geburt, aber ich hatte ziemlich starke Nachwehen, deshalb wollte ich mich gern noch ein wenig hier ausruhen. Sie ist ja schon mein drittes Kind, und mit jedem werden die Nachwehen stärker.«

»Nachwehen?« Nina setzt sich im Bett auf.

»Die wirst du auch noch spüren. Aber beim ersten Kind sind sie kaum stärker als normale Regelschmerzen. Die Gebärmutter muss sich ja wieder zusammenziehen, weißt du? Sie wird wieder so klein wie vor der Schwangerschaft.«

Nina antwortet irgendetwas, aber Vincent hört nicht mehr so genau hin. Die Krankenschwester rückt das Bett an die vorgesehene Stelle, stellt ein Glas und eine Flasche Mineralwasser auf den Nachttisch, legt ein Kabel mit einer Klingel dran daneben.

»Rufen Sie mich, falls etwas ist«, sagt sie und wendet sich zur Tür. »Bis später.«

»Werden Sie stillen?«, fragt die Frau Nina, nachdem die Schwester gegangen ist. Nina sieht sie an, die Augen geweitet.

»Denke ich doch«, antwortet sie. »Ich stelle es mir herrlich vor, meinem kleinen Sohn die Brust zu geben.«

»Dann wird es auch klappen«, meint die Frau. »Es ist also ein Junge; und wie habt ihr ihn genannt?« Bei diesen Worten sieht sie auch Vincent an. Beide nennen seinen Namen wie aus einem Mund. Vincent blickt zur Tür und fragt sich, wann Finn endlich ins Zimmer gebracht wird. Gleichzeitig beginnt er sich etwas unbehaglich zu fühlen. Vielleicht sollte er doch langsam nach Hause gehen. Wenn Nina und diese Frau jetzt stundenlang übers Stillen und über Nachwehen reden, weiß er nicht, was er machen soll. Mit Finn scheint es im Babyzimmer länger zu dauern; vielleicht ist er eingeschlafen.

»Ich glaub, ich geh dann jetzt auch«, meint er leise zu Nina. »Ich will unbedingt alle Leute anrufen und erzählen, dass Finn geboren ist. Und vielleicht doch ein bisschen ins Koma fallen.«

»Okay.« Nina lächelt schon wie aus weiter Ferne, sie scheint sich wohlzufühlen mit der Frau, die zum Glück doch nicht ewig darauf herumreitet, wie jung sie noch sci. Vielleicht ist Nina soeben in einer ganz neuen Welt angekommen, in der Welt der Mütter. Als ob sie gar kein Teenager mehr sei. Aber dann streckt sie doch ihre Arme nach ihm aus, schmiegt sich im Sitzen an seine Brust, zerzaust seine Haare noch mehr, als sie es nach der langen Nacht sowieso schon sind.

»Danke für alles«, flüstert sie. »Du hast mir total geholfen.«

»Viel konnte ich nicht machen. Du hast mir leidgetan, stundenlang diese Schmerzen …«

»Ist schon gut. Jetzt ist es ja vorbei. Kommst du bald wieder?«

»So schnell ich kann.« Er gibt ihr einen Kuss. »Bis nachher.«

Als Vincent auf die Straße tritt, sticht ihm das helle Sonnenlicht wie ein Blitz in die Augen. Im November gibt es solche Tage nur selten, vielleicht steht ein langer, kalter Winter bevor. Zu Finns Geburt passt es, dass das Wetter sich noch einmal benimmt, als wäre es Frühling. Vincent zieht den Reißverschluss seiner Daunenjacke auf, den er im Fahrstuhl der Klinik schon geschlossen hatte, und lässt die klare, kühle Luft an seinen Körper, atmet tief ein und aus, um die Frische dieses Morgens auch in seinen Lungen zu spüren. Finn, denkt er, Finn ist da, ich bin Vater gewor-

den in der vergangenen Nacht, die Sonne ist aufgegangen und ich habe einen Sohn. Er ist ganz frisch, kaum zwei Stunden alt. Man müsste die Zeit anhalten können, dieser Tag kommt nie mehr wieder. Es ist so ein Wunder!
Er biegt vom Haupteingang der Humboldt-Klinik in die Straße Am Nordgraben ein; hier ist es noch ruhig. Vincent genießt den leichten Wind, der sein erhitztes Gesicht kühlt, hört das Zwitschern vereinzelter Spatzen, die auch noch nicht an einen Winter glauben. Er geht an den kahlen Bäumen vorbei und gelangt auf die Hauptverkehrsstraße, wo der morgendliche Berufsverkehr bereits in vollem Gange ist. Vincent blickt auf die Autos, die Menschen an den Bushaltestellen und vor den Geschäften, die Fußgänger an den Ampeln und wundert sich, wie sie alle ihrem Alltag und ihrer Arbeit nachjagen können wie immer, als wäre nichts geschehen, als würde nicht die ganze Welt stillstehen, weil heute Nacht ein neues Leben auf die Welt gekommen ist. Als wäre er nicht vor zwei Stunden Vater geworden, viel zu früh und ungeplant und doch … So habe ich mich noch nie gefühlt, denkt er; Finn zu sehen, wie er aus Ninas Körper gleitet und dann einfach da ist, vorher kannten wir ihn noch nicht, und nun gehört er einfach zu uns – das übertrifft alle Empfindungen, die ich je hatte. Wer weiß, ob das überhaupt jemand nachempfinden kann, wenn ich es erzähle. Am ehesten wohl Tanja und Olaf. Aber irgendwie sind die ganz anders drauf.
Vincent geht und geht, es tut ihm gut, seine Füße auf dem Straßenpflaster zu spüren, sich zu bewegen. Er stellt sich vor, jetzt in einem überfüllten Bus zu stehen, die griesgrämigen Gesichter der Leute dicht vor seinem eigenen, und nicht herausschreien zu können, was in ihm vorgeht. Nein, denkt er, dagegen ist das Laufen die reinste Wohltat, es kann gar nicht weit genug sein bis nach Hause.
Aber nach einer halben Stunde zügigen Fußmarsches spürt er

doch seine Knochen, die Beine, die Hüften, den Rücken. Und er spürt, wie sich eine schwere Müdigkeit über seine Augen legt. Jetzt im Bett liegen und schlafen, denkt er, die Vorhänge zu und ungestört pennen, Steffi hat recht gehabt, es war wirklich eine lange Nacht. Nicht nur, dass er sie durchwacht hat, sondern alles, was auf ihn eingestürmt ist, angefangen vom Dauerlauf, den ganzen Weg von Marcels Wohnwagen bis zu Nina, die Fahrt in die Klinik, die stundenlangen Wehen, ihre Schreie, ihre Erschöpfung, diese ganze Krankenhausatmosphäre trotz des behaglichen Geburtszimmers. Die Hebamme, die Schwestern, der Arzt. Immer wieder Nina, der er nicht helfen konnte. Und dann Finn, warm und glitschig, sein erster Schrei, seine Augen und wie er Vincents Finger festgehalten hat. Heute Nacht ist die ganze Welt passiert.

Als er zu Hause die Tür aufschließt, kommt sofort Mara aus der Küche gestürzt.

»Vincent«, ruft sie ganz außer Atem, als wäre sie den ganzen weiten Weg vom Krankenhaus bis hierher gegangen oder sogar gerannt. »Endlich, wir haben kaum ein Auge zugetan die ganze Nacht… na, du logischerweise erst recht nicht. Marcel hat angerufen, nachdem du zu Nina losgerast bist…«

Vincent bleibt gleich hinter der Tür stehen, drückt sie mit dem Rücken zu. Sekundenlang steht er nur da, regungslos, unfähig zu antworten, irgendetwas zu erzählen. Es ist so viel passiert, er fühlt sich wie in einem Film, sieht seine Schwester wie durch einen Schleier, den langen, dunklen Flur dieser Wohnung, all die vertrauten Gegenstände, die immer schon da waren, solange er zurückdenken kann, dieselbe Luft, ein bisschen abgestanden und immer nach Tanjas Zigaretten riechend. Wenn Finn hier ist, darf sie auf keinen Fall rauchen.

Mara räuspert sich kaum hörbar, tritt beinahe schleichend an ihn heran.

»Vincent?«, spricht sie ihn an und legt ihre Fingerspitzen an seinen Ellbogen. »Es ist doch … Nina hat das Baby bekommen, nicht wahr?«
»Ja.« Verursacht durch die Berührung geht ein Ruck durch Vincents Körper. Er blickt in Maras Gesicht, als sähe er sie zum ersten Mal. »Ja, es ist geboren … ein Junge, er heißt Finn …« Dann schiebt er sie zur Seite, strebt mit langen Schritten auf sein Zimmer zu, stößt die Tür auf, lässt seinen Blick nur wie von fern über die noch immer unsortierten Stapel gleiten, die halb leeren Regale, sein Bett, das er vielleicht noch an einen anderen Platz stellen wollte.
Sein Bett. Vincent lässt sich darauffallen, der Lattenrost ächzt unter der Wucht. Er stützt seinen Kopf im Sitzen auf die Hände, und auf einmal scheint sich alles in ihm aufzulösen, die Anspannung während der Geburt, die Euphorie danach, die zurückgelegten Kilometer nach der durchwachten Nacht. Vincents Körper sinkt in sich zusammen, er kann nicht mehr, alles ist ihm zu viel. Wie eine ertrunkene Katze liegt er da, auf einmal muss er schluchzen und weiß selbst nicht, warum, das ganze Glück ist auf einmal weg und einer grenzenlosen Erschöpfung gewichen, er zittert und zieht seine Bettdecke bis über die Schultern, ist nur noch kaputt. Mara, die ihm ins Zimmer gefolgt ist, drückt seine Hand.
»Schlaf noch nicht«, sagt sie. »Erst musst du etwas essen, wir haben auch gerade gefrühstückt. Mama ist unten im Laden, Papa ist vor einer halben Stunde losgefahren. Es steht noch alles auf dem Tisch; ich dachte mir, dass du irgendwann kommen musst. Soll ich dir ein Brötchen bringen?«
Bei ihren Worten spürt Vincent erst, wie hungrig er inzwischen ist. »Drei«, antwortet er, »und einen Joghurt, aber Kaffee lieber nicht. Ich glaube, ich muss erst mal pennen, wenn ich gegessen habe.«

Mara nickt und verschwindet wieder in der Küche, er hört sie mit Geschirr und Besteck hantieren, vernimmt das Blubbern des Wasserkochers. Es tut gut, zu liegen, noch immer meint er, jeden Knochen einzeln zu spüren. Dann muss er doch noch einmal aufstehen und geht zur Toilette, hinterher fühlt er sich besser, noch entspannter, aber vollkommen fertig. Kurz nachdem er sich erneut hingelegt hat, erscheint Mara und stellt einen Teller mit sechs belegten Brötchenhälften auf seinem Nachttisch ab, dazu eine Kanne dampfenden Fencheltee. Unwillkürlich muss Vincent lächeln; Fencheltee hat er immer bekommen, wenn er als Kind unter Bauchweh litt. Vielleicht wird er ihn bald für Finn kochen, zu Hause bei Nina. Gierig greift er nach einem Schinkenbrötchen und lässt gleich die Hälfte mit einem einzigen Bissen in seinem Mund verschwinden, schluckt ihn, fast ohne zu kauen, hinunter, spült mit dem Tee nach. Erst nach der vierten Brötchenhälfte isst er langsamer, und als schließlich der Teller leer ist und er auch den Joghurtbecher restlos ausgekratzt hat, lässt er sich mit einem Seufzer wieder nach hinten fallen. Mara stellt sein Geschirr zusammen, nur die Teekanne und den Becher lässt sie noch stehen.

»Erzählen oder schlafen?«, fragt sie und Vincent sieht, dass ihre Neugier sie fast überwältigt. Er kann es ihr nicht verdenken – immerhin ist sie Tante geworden. Ich will nicht, denkt er dennoch, ich bin so müde. Ihr alles zu erzählen, dauert mindestens eine Stunde, und danach kommt vielleicht Tanja hoch und will auch noch mal alles ganz genau wissen. Er spürt, wie schwer seine Augenlider sind. Mara richtet sich auf, und er kennt sie so gut, dass er an jeder einzelnen Regung ihre leise Enttäuschung spürt, ihr Verständnis und ihren inneren Rückzug. Egal, denkt er und packt sie am Handgelenk. Ich habe Mara so viel zu verdanken, und selbst jetzt ist sie hier statt in der Uni, hat auf mich gewartet, damit ich nach diesem Erlebnis nicht alleine bin. Damit jemand da ist, der mich auffängt, wenn ich nach Finns Geburt nach Hause komme.

»Was schon?«, fragt er und grinst, obwohl er sogar schon merkt, wie sein Kreislauf herunterfährt und sich auf Schlafen einstellt. In seiner Hosentasche wühlt er nach seinem Handy, blättert das Menü durch bis zur Galerie. »Erzählen natürlich. Willst du ein Foto von deinem Neffen sehen?«

DREIZEHN

Vincent schläft durch bis weit in den Nachmittag hinein; als er wach wird, dämmert es bereits. Er öffnet die Augen und spürt sofort, dass irgendetwas passiert ist, etwas Neues, Besonderes. Dass es ihm gut geht und er vor Freude platzen könnte, auch vor Stolz. Durch die schmalen Schlitze zwischen den Lamellen seiner Jalousie, die Mara für ihn heruntergelassen hat, sieht er ein paar vereinzelte Sterne glitzern, und da weiß er es gleich. Er hat einen Sohn, ist Vater geworden. Finn ist geboren. Ein unbändiges Glücksgefühl breitet sich in ihm aus, auch seine tiefe Erschöpfung ist wie weggeblasen. Er fühlt sich frisch und erholt. Mit Schwung schlägt er die Bettdecke zurück und steht auf, jetzt will er unbedingt alles seinen Eltern erzählen, die bestimmt von Mara schon die freudige Nachricht erfahren haben. Und dann will er zurück in die Klinik, um seinen Sohn unbedingt noch einmal an seinem ersten Lebenstag zu sehen. Die roten Leuchtziffern seines Radioweckers zeigen 17.54 Uhr; er muss sich beeilen, wenn er noch bei Nina sein will, bevor sie schläft. Zum Glück gibt es für die jungen Väter keine festen Besuchszeiten, er darf jederzeit kommen, aber bestimmt braucht Nina viel Schlaf nach der anstrengenden Entbindung. Vielleicht möchten Olaf und Tanja mitkommen oder auch Mara, dann müsste er nicht allein mit dem Bus fahren.

Aus der Küche duftet es nach Gewürzen, er hört die Dunstabzugshaube rauschen. Seine Mutter, die am Herd steht und in einem Topf rührt, lächelt, als sie ihn sieht, und er denkt, dass es in seiner Familie immer etwas zu essen gibt, ganz anders als bei Nina. Wenn Tanja keine Lust hat zu kochen, erledigt Mara das, aber Steffi kann gar nicht richtig kochen und Nina auch nicht, sie holt sich meistens etwas vom Imbiss nach der Schule. Finn bekommt noch eine ganze Weile lang Milch, danach Brei zum Anrühren oder aus dem Glas. Aber für später möchte Vincent nicht, dass sein Sohn nur von Fast Food lebt.

»Da ist ja der junge Vater«, begrüßt Tanja ihn, und jetzt tritt auch Olaf aus irgendeiner Ecke und klopft ihm auf die Schulter. Es stört ihn nicht, dass beide ihre Witze reißen, zu genau weiß er, dass dies nur aus Verlegenheit geschieht. Irgendwie quetschen sie ihre Glückwünsche heraus, Vincent bedankt sich und zeigt die Fotos auf seinem Handy herum, dann stellt Tanja den Suppentopf auf den Tisch.

»Chili con Carne«, sagt sie und nimmt den Teller hoch, der auf Vincents Platz steht. »Ich dachte, du kannst was Kräftiges vertragen.«

Vincent wartet, bis sie allen aufgetan hat, dann greift er nach seinem Löffel. »Wo ist Mara?«, erkundigt er sich und sieht sich um, doch Olaf antwortet, sie hätte noch irgendeine Arbeitsgruppe von der Uni aus und würde erst später kommen.

»Ich will gleich noch mal zu Nina«, kündigt Vincent an und beginnt zu essen, verwundert, dass er schon wieder so hungrig ist, als hätte er seit drei Tagen nichts bekommen. »Am liebsten

würde ich ihr eine Portion davon mitnehmen. Der Krankenhausfraß ist bestimmt nicht so gut für sie.«
»Das lass mal lieber bleiben.« Tanja lacht rau und bläst Luft aus ihren Backen. »Sonst hat deine Süße gleich ein Kind am Hals, das die ganze Nacht durchbrüllt. Das kannst du nicht wollen.«
»Durchbrüllt? Wieso denn das?«
»Sie gibt dem Kleinen doch die Brust, oder? Bohnen *und* scharfe Gewürze – da bekommt er gleich Blähungen. Sag es ihr lieber, bevor sie noch alles Mögliche futtert, was dem Baby nicht bekommt.«
Dann fordert Olaf ihn auf, den Geburtsablauf noch einmal zu schildern. Vincent bemerkt amüsiert die Regungen in den Gesichtern seiner Eltern, selten haben sie so gebannt zugehört, wenn er etwas erzählte. Alles ist in ihrer Mimik zu lesen, von Spannung über Erinnerungen an die Geburten ihrer eigenen Kinder, Staunen, Rührung. Als er fertig ist, ist es eine ganze Weile still am Tisch. Olaf räuspert sich und wischt sich mit der Hand über die Augen.
»Meine Güte, was Besonderes ist das ja schon immer wieder«, brummt er. »Was nicht heißen soll, dass ich das alles richtig finde, was ihr da macht. So jung und jetzt schon ein Kind. Also warten hättet ihr schon noch müssen. Aber trotzdem. Das ist schon immer wieder was Besonderes, so ’ne Geburt. Was, Frau?«
»Also sehen würde ich ihn ja schon gerne mal. Kann mir noch gar nicht vorstellen, dass ich jetzt einen Enkel haben soll. Mit 43 Jahren. Eigentlich wollte ich das erst, wenn ich aufhören kann zu arbeiten. Aber ich muss ja noch zwanzig Jahre.«
»Dann übernimmt Finn mal den Laden.« Vincent schiebt seinen leeren Teller weg und wirft einen Blick auf seine Armbanduhr. »Hat er gleich ausgesorgt, siehst du.«
»Apropos ausgesorgt«, wirft Olaf ein. »Ich hab mich erkundigt, dein Nachwuchs muss tatsächlich von uns Alimente kriegen,

solange du noch zur Schule gehst. Allerdings nicht so viel, als wenn ich jetzt selber, sagen wir mal …«

»Als wenn du ein uneheliches Kind zeugen würdest«, springt Vincent ihm bei. »Dann müsstest du mehr dafür löhnen, meinst du.«

»Ja. Ungefähr so.« Beinahe scheu sieht er Tanja von der Seite an. »Ist natürlich alles Blödsinn. Was ich sagen will, ist bloß, dass du in der Penne bitte nicht nachlässt. Und deinen Führerschein – da musst du zusehen, wie du ihn finanzierst. Das geht nicht auch noch, bei aller Liebe.«

»Jaja.« Vincent trinkt einen Schluck Cola und schiebt seinen Stuhl zurück. »Ich hab mich in letzter Zeit immer weiter verbessert, das kriege ich hin. Schließlich will ich nicht, dass Finn einen Versager zum Vater hat. Der Führerschein kann noch warten. Was ich beim Jobben verdiene, ist alles für Finn.«

»Leicht ist das nicht, was du dir da alles aufgebrummt hast«, meint Tanja. Auch sie und Olaf haben aufgegessen und stehen auf. »Aber wer A sagt, muss auch B sagen. Nimmst du uns denn jetzt mit in die Klinik?«

Vincent nickt; Olaf ist schon im Flur verschwunden und kommt mit seiner Schirmmütze und dem Autoschlüssel zurück.

»Das Taxi steht bereit für die Herrschaften«, verkündet er. »Welche Klinik war das gleich?«

Vincent spürt, wie ein letzter Rest von Anspannung von ihm weicht, als er Finn neben Nina in seinem Bettchen liegen sieht. Seine Eltern und er sind ganz leise ins Zimmer geschlichen, nur für den Fall, dass sie schlafen. Tatsächlich liegt Finn auf der Seite, sein Rücken wird von einem zusammengerollten Handtuch abgestützt. Die winzigen Hände hat er zu lockeren Fäusten geballt, sein kleiner Mund ist leicht geöffnet. Auch Nina hat die Augen geschlossen. Vincent denkt, dass Finn sich verändert hat im Vergleich zu heute Morgen, glatter sieht er aus und seine Haare, die jetzt ganz trocken sind, scheinen die gleiche Farbe zu haben wie Ninas Haar. Die Kinderschwester hat ihm einen weißen Strampler angezogen statt des bunten, den Nina zu Hause noch eingepackt hatte. Vincent nimmt sich vor, seinen Sohn so bald wie möglich umzuziehen.

Nina schlägt die Augen auf und lächelt, als sie ihn sieht, greift nach seiner Hand. Tanja und Olaf stehen ein wenig verloren herum, immerhin haben sie unterwegs noch Blumen besorgt, einen Strauß gelber Rosen, die Olaf jetzt auf ihre Bettdecke legt. Tanja beugt sich über Finn.

»Der hat deine Nase, Vincent«, meint sie. »Aber unverkennbar. Genau so hast du auch ausgesehen, als du geboren warst.«

»Ich finde, er sieht Nina ähnlich«, entgegnet er und gibt seiner Freundin einen Kuss. »Er ist so hübsch, das kann er nur von ihr haben. War er denn friedlich heute?«, fragt er, noch immer an Nina gewandt.

»Er schläft fast die ganze Zeit«, berichtet sie. »Total lieb. Er ist nicht mal wach geworden, als so eine Frau von einer Babynahrungsfirma kam und mir das da alles brachte.« Sie deutet auf ihren Nachttisch, wo ein Lätzchen, ein Plastikteller und einige Probepackungen Milchpulver und Grießbrei neben einem illustrierten Heft liegen, auf dem »Die ersten Wochen mit Ihrem Baby« steht. Auf der Titelseite ist eine junge Frau abgebildet, die ihrem pausbäckigen Säugling gerade die Flasche gibt.

»Babynahrung? Ich dachte, du stillst ihn«, sagt Vincent erstaunt. Er sieht, dass Ninas Brüste größer geworden sind; sie waren in der Schwangerschaft schon gewachsen, aber jetzt erscheinen sie ihm riesig. Finn bewegt sich und beginnt ein wenig zu quaken. Nina setzt sich auf und nimmt ihn hoch; sein Kopf und ihre Brüste haben die gleiche Größe. Er grinst und streckt seine Hand aus, streichelt aber nur Finns flaumige Haare. Nina schickt ihm einen Luftkuss.

»Die kommen zu jeder Frau, die ein Baby bekommen hat«, erklärt sie. »Wo sollen sie sonst Werbung machen, wenn nicht bei uns?«

Vincent nickt und sieht zu, wie Finn seine Finger ausstreckt und mit den Armen rudert, als wüsste er nach der Enge im Mutterleib noch nicht richtig, wohin damit. Wie ein kleines Tier wendet er den Kopf suchend hin und her und öffnet seinen Mund, stößt kleine quengelnde Laute aus.

»Der will was haben«, meint Tanja. »Leg ihn mal lieber an, sonst brüllt er in zwei Minuten wie am Spieß.«

»Im Moment kommt ja nur die Vormilch«, entgegnet Nina. »Danach soll ich ihm Glukoselösung geben. Die richtige Muttermilch schießt dann irgendwann in den nächsten Tagen ein.«

Sie knöpft ihr Nachthemd auf und legt Finn so, dass er ganz leicht mit dem Mund ihre Brustwarze umschließen kann, und tatsächlich beginnt er sofort zu saugen, als hätte er nie etwas anderes getan. Vorsichtig setzt sich Vincent aufs Bett und greift nach seiner Hand, die Finn auch sofort wieder um seinen Zeigefinger schließt.

»Niedlich is' so was Kleines ja«, sagt Tanja leise. Sie hat sich einen Stuhl herangezogen und sieht Finn unablässig an. »Also niedlich is' so was ja immer wieder, kann man nicht anders sagen.«

»Ich seh schon. Oma will den Kleinen mit nach Hause nehmen.«

»Untersteht euch!«, ruft Nina leise aus, und Finn setzt kurz vom Trinken ab, blinzelt, als hätte er alles genau verstanden. Nina gibt ihm jetzt die andere Brust.

»Wann wirst du denn entlassen?«, will Vincent wissen. Nur widerstrebend lässt er die Hand seines Sohnes los.

»Übermorgen. Ich kann es kaum erwarten, endlich mit ihm

zu Hause zu sein.« Mit ihrem Zeigefinger streicht sie über die Wange ihres Babys. »Dann machen wir es uns so richtig gemütlich, nicht wahr, mein Kleiner?«

Im selben Moment geht die Tür auf und Ninas Mutter kommt herein. Sehr viel forscher als Olaf und Tanja durchmisst sie den Raum mit ihren Schritten; es erscheint Vincent, als hafte an ihr noch die kalte Spätherbstluft von der Straße, vermischt mit ihrem eigenen Duft nach irgendeinem blumig-fruchtigen Parfüm. Steffi gibt Nina einen Kuss auf die Wange und begrüßt ihn und seine Eltern mit Handschlag. Auch ihre Fingerspitzen fühlen sich kühl an. Vincent hofft, dass sie mit so kalten Händen nicht gleich Finn halten will. Tanja und Olaf wirken verlegen, sie haben Steffi bisher nur ein paarmal am Telefon gesprochen, als es um Unterhaltsfragen ging. Das Gespräch war eher frostig verlaufen, und auch jetzt spürt Vincent, dass seine Eltern denken, Nina hätte es drauf angelegt, schwanger zu werden, während Steffi die Verantwortung eher bei Vincent sieht, der schließlich genauso für die Verhütung zuständig ist wie Nina. Und der wohl zu blöd ist, einen Riss im Gummi zu bemerken. Wenn er mit Nina und ihrer Mutter allein ist, wirkt sie weniger kühl. »Ich merk schon, dass gegen eure Verbindung kein Kraut gewachsen ist«, hat sie einmal gesagt, und seitdem ist ihm klar, dass sie ihn in Ninas Nähe akzeptiert.

Abermals wird die Zimmertür von außen geöffnet und eine Krankenschwester, die Vincent noch nicht kennt, kommt herein.

»Oh, die Großfamilie«, sagt sie und schenkt allen Anwesenden ein breites Lächeln, weiß schimmernde Zähne zwischen blassen, ungeschminkten Lippen. Vincent wirft ihr einen düsteren Blick zu. Olaf stößt einen verächtlichen Laut aus.

»Also davon kann ja nun keine Rede sein«, bringt er hervor. »So putzig der Kleine auch ist, von Großfamilie kann ja hier nun

keine Rede sein. Das wollen wir doch wohl gleich mal klarstellen.«
Die Schwester lächelt immer noch. »War auch nicht ganz ernst gemeint. Erst mal müssen die jungen Eltern sich ja zusammenraufen. So jung schon zu dritt – da gibt es Leichteres, denke ich.«
Finn ist beim Trinken an Ninas Brust wieder eingeschlafen, die Schwester nimmt ihn hoch und legt ihn in sein Bettchen zurück, schüttelt Ninas Bettdecke und das Kissen auf.
»So langsam ist dann aber Nachtruhe«, bestimmt sie. »Nach zwanzig Uhr sollte möglichst kein Besuch mehr da sein. Unsere frisch gebackenen Mütter brauchen noch viel Schlaf und die Babys sowieso. Nicht, Kleiner?« Sie beugt sich kurz über ihn, Vincent sieht, dass sich sein kleiner Körper zusammenzieht und wieder streckt, dann stößt er kurze, meckernde Laute aus, ähnlich einer Katze, die auf dem Fensterbrett sitzt und die Vögel beobachtet, die davor auf einem Ast sitzen, unerreichbar. Doch Finns Laute gehen rasch in ein Krähen über, jetzt ist er wieder wach, er schreit. Die Schwester ist längst gegangen.
»Der hat bestimmt die Windeln voll«, mutmaßt Steffi. »Also, wer von euch beiden erbarmt sich?«
»Ach du Scheiße«, brummt Vincent und muss selber lachen über das passende Wort, aber er bleibt auf seinem Stuhl sitzen und rührt sich nicht. Nina rappelt sich in ihrem Bett hoch, Vincent sieht, wie schwer es ihr noch fällt, sie hat Finn heute erst zur Welt gebracht. Vom Nachbarbett aus spürt er die Blicke von Ninas Bettnachbarin, deren kleine Tochter ganz entspannt in ihrem Arm schläft, dazu die seiner Eltern und Steffis, er möchte nicht, dass sie alle hier sind und glotzen, helfen sollten sie lieber mal, schließlich haben sie Erfahrung, und für Vincent ist das alles noch neu, fremdartig kommt es ihm vor, und Nina ist noch erschöpft von dieser Wahnsinnsgeburt. Im Sitzen beugt sie

sich über den Kleinen und schnüffelt, ist unsicher, ob sie etwas riecht, und Steffi sagt auch gleich, bei den Neugeborenen rieche es noch nicht so streng, das würde erst später kommen, besonders von dem Moment an, wenn sie Brei essen, in dem Fleisch enthalten ist. Trotzdem könne die zarte Haut sich ganz schnell entzünden, wenn man mit dem Wickeln zu lange wartet. Vincent lässt seinen Blick noch einmal über die Runde huschen, doch alle stehen nur da und warten ab, als wollten sie sagen: Das ist jetzt eure Angelegenheit, Kinder, ihr habt es nicht anders gewollt. Aber Nina lässt sich zurück in ihr Kissen sinken, obwohl Finn jetzt wirklich brüllt, sein kleines Gesicht ist schon ganz rot, zum ersten Mal sieht Vincent seinen zahnlosen Mund, die winzige Zunge. Brüllen kann er schon kräftig.
»Na gut, Finn«, sagt Vincent schließlich und hebt seinen Sohn aus dem Bett. »Dann wollen wir mal. Wär doch ein Witz, wenn wir beide das nicht hinbekommen, oder?«
Er legt Finn auf den Wickeltisch an der Wand gegenüber von Ninas Bett und versucht sich vorzustellen, er wäre jetzt mit ihm allein. Niemals vorher hat er sich so beobachtet gefühlt, selbst eine Prüfung im Geräteturnen in der Schule könnte nicht schlimmer sein. Ein einziges Mal haben er und Nina im Geburtsvorbereitungskurs das Wickeln an einer Puppe geübt, die war kein Vergleich mit Finn, der jetzt richtig wütend zu werden scheint, als empfände er es als eine Zumutung, auf dem Wickeltisch zu liegen statt im warmen Bett.
»Links ist der Schalter für den Heizstrahler«, sagt Ninas Bettnachbarin, und Vincent hält Finn mit einer Hand am Bauch fest, mit der anderen drückt er auf den Knopf an der Wand, und tatsächlich geht der Strahler an und wärmt auch gleich, jetzt müsste Finn doch zufrieden sein. Vincents Finger zittern ein wenig und er schwitzt, während er versucht, die Knöpfe am Strampler zu öffnen, zum Glück sind sie unten über der Windel,

sodass er Finn nicht ganz ausziehen muss. Der Kleine strampelt, eigentlich ist es mehr ein unkontrolliertes Strecken und Beugen der Beine, irgendwie schafft Vincent es, auch den Klettverschluss der Windel zu öffnen.

»Das ist ja ganz schwarz«, stößt er hervor und starrt auf den Inhalt, auf das, was unmöglich in Finns kleinen Körper gepasst haben kann, solche Mengen. Natürlich stinkt es doch, aber er reißt sich zusammen, daran wird er sich gewöhnen müssen. »Finn ist doch nicht etwa krank?«

Ohne ein Geräusch zu machen, tritt Tanja neben ihn.

»Das ist das Kindspech«, klärt sie ihn auf und fügt, noch ehe er erschrecken kann, hinzu: »Der erste Stuhl eines Neugeborenen sieht immer so schwarz aus, das ist normal. Wenn er erst mal die richtige Muttermilch trinkt, wird es gelblich bis hellbraun aussehen.«

»Aber es ist so viel!«

Noch etwas zögerlich greift Vincent nach einem Papiertuch, das in einer Schachtel auf dem Wickeltisch bereitliegt; mit seiner freien Hand hält er Finns Beine an den Füßen hoch. Der schwarze, stinkende Brei klebt überall, am Po, an seinem kleinen Glied, sogar an den Füßen, er muss beim Strampeln an ein beschmutztes Teil der Windel geraten sein. Vincent wischt ihn ab, so gut er kann, es ist nicht einfach, weil er nicht aufhört sich zu bewegen, und er schreit immer noch, bleibt sekundenlang weg und wird jetzt dunkelrot im Gesicht, Vincent glaubt, sein Sohn würde keine Luft mehr holen. Aber dann atmet er doch wieder ein, nur um anschließend umso lauter zu brüllen.

»Warum schreit er so?«, fragt Vincent keuchend, er tut doch schon, was er kann, so schlimm kann es für Finn doch nicht sein, gewickelt zu werden. Tanja reicht ein weiteres Papiertuch; Vincent spürt, dass es mit Öl getränkt ist. Damit gehen die Reste ganz leicht ab. Er nimmt eine frische Windel von einem bereit-

liegenden Stapel und faltet sie auseinander, legt Finn mit dem Rücken darauf, er zappelt und schreit, sein Gesicht fühlt sich heiß an, so zarte Haut, Vincent will die Windel schließen und schafft es nicht, immer wieder rutscht sie ihm weg. Tanja streckt ihre Hand aus und will ihm helfen, doch jetzt hat ihn der Ehrgeiz gepackt. Seine langen Haare fallen ihm ins Gesicht, er streift sie zurück und klemmt sie hinters Ohr, ein paar Strähnen fühlt er im Nacken kleben. Dann klappt er den vorderen Teil der Windel hoch und drückt den Klettverschluss zu, und endlich hat er es geschafft. Die Windel sitzt etwas schief, aber sein Sohn ist wieder sauber und trocken. Er versucht nicht mehr auf das Geschrei zu achten, schafft es irgendwie, auch die Knopfleiste halbwegs richtig zu schließen. Mit einem triumphierenden Lächeln hält er Finn schließlich in die Höhe, und der hört auf zu schreien, als überraschte ihn der Erfolg seines Vaters. Seine weichen Flaumhaare kleben ihm am Kopf, Vincent wischt sie mit seinem Pulloverärmel trocken und gibt Nina das Baby. Insgeheim hofft er, dass sie sich bald gut genug fühlt, um aufzustehen. Manche Kinder müssen bis ins Kindergartenalter gewickelt werden.
»Na bitte«, sagt Tanja. »Ging doch ganz gut fürs erste Mal.«
»Danke«, flüstert Nina und lächelt matt.
»Ich weiß nicht«, brummt Olaf. »Für einen Mann ist das doch keine Tätigkeit.«
»Sag das nicht«, widerspricht Tanja. »Die jungen Väter müssen heute ganz anders ran, die alte Rollenverteilung gilt nicht mehr. Bricht sich doch keiner was ab, wenn er dem Baby mal 'ne frische Windel macht oder die Flasche gibt.«
Olaf schüttelt den Kopf. Dann wendet er sich an Steffi. »Und bei Ihnen kann der kleine Schreihals mit seiner Mutter wohnen bleiben?«
»Papa«, stöhnt Vincent. »Rede nicht so gestelzt.«
Aber weder Steffi noch Olaf achten auf ihn. »Erst mal ja«, sagt sie

und zuckt mit den Schultern. »Jetzt nimmt er ja noch keinen Platz weg, der Zwerg. Aber wenn Nina volljährig ist … in einer Zwei-Zimmer-Wohnung mit fünfzig Quadratmetern geht das natürlich nicht ewig. Und Sie«, sie sieht ihn mit einem durchdringenden Blick an, »mit dem Unterhalt haben Sie alles geregelt?«
»Steffi«, sagt Nina und streichelt Finn, legt erneut ihre Brust frei. Jetzt ist er wieder ganz ruhig.
»Papa«, mahnt auch Vincent. »Lasst den Quatsch doch mal sein, bis Nina zu Hause ist. Hätte ich euch bloß nicht mitgenommen. Ich dachte, ihr freut euch.«
»Na ja, freuen …« Olaf nimmt seine Jacke auf, die er über einen Stuhl gelegt hat. »Auch wenn er hundertmal niedlich ist, der Zwerg, das Windelnwechseln ist noch lange nicht alles. Das ist noch das Harmloseste, Leute. Da kommen noch ganz andere Sachen auf euch zu.«
»Und du hast früher nicht mal das gemacht«, kontert Vincent.
»Jetzt streitet euch doch nicht«, bittet Nina, ihre Stimme klingt gepresst, schon rollen Tränen ihre Wangen hinunter. »Ihr seid echt bescheuert, alle zusammen. Außer natürlich du, Vincent.« Sie greift nach seiner Hand und er hält ihre auch ganz fest.
Auch Tanja steht auf. »So hätte das alles ja nun nicht enden müssen«, meint sie und Vincent sieht, dass sie die verdorbene Stimmung wirklich bedauert. »Über die Geldangelegenheiten können wir wirklich ein anderes Mal reden. Das muss doch nicht alles gleich hier sein, am allerersten Tag.«
»Das ist deine Meinung. Ich sage, wir hätten schon viel eher Klartext reden müssen.«
Tanja wendet sich an Steffi. »Wir sollten wirklich nicht streiten. Da müssen wir nun mal durch, alle zusammen mehr oder weniger. Vielleicht sollten wir bei einer Tasse Kaffee …«
»Gern«, unterbricht Steffi sie und greift nach ihrer Handtasche. »Solange Ihr werter Gatte nicht dabei ist.«

»Raus«, sagen Vincent und Nina gleichzeitig. Gegen den Rest der Welt, denkt Vincent, auch wenn er jetzt doch mit dem Bus fahren muss. Etwas lauter als gewollt fällt die Tür hinter den dreien zu, er hört noch von draußen ihre aufgeregten Stimmen. Vincent schließt die Augen und stöhnt. Das Windelnwechseln ist noch das Harmloseste – mag ja sein, denkt er. Aber was kommt denn noch alles?

VIERZEHN

Mitten in der Mathestunde klingelt Vincents Handy. Seit Ninas Anruf kurz vor Finns Geburt hat er es nicht wieder auf »lautlos« gestellt, nicht mal im Unterricht. Irgendetwas kann immer sein. Als jetzt die ersten Gitarrenriffs seines Lieblingssongs von Billy Talent mitten in den Rechenweg einer komplizierten Wurzelgleichung ertönen, durchfährt ihn der Schrecken wie ein Blitzschlag. Aber dann hört er Ninas Stimme ganz fröhlich.
»Wir sind zu Hause!« Sie singt diese Worte beinahe. »Endlich ist Finni hier, er liegt gerade ganz süß in seinem Gitterbettchen und schläft. Meine Mutter hat uns abgeholt. Kommst du nach der Schule vorbei?«
Vincent atmet aus. Nach der Schule … er hatte gedacht, Nina und Finn würden erst morgen entlassen, eigentlich hat er dabei sein wollen. Heute ist er mit Marcel verabredet, sie wollten noch einmal zum Wohnwagen gehen und dieses Mal wirklich versuchen, die Tür aufzubekommen. Sehen, was drin ist, ob man was daraus machen kann. Eine Sprayerwerkstatt, ein Refugium nur für sie beide, ohne Freundinnen und ganz ge-

heim. Einen Kühlschrank wollen sie reinstellen, einen tragbaren CD-Player, irgendwas Gemütliches zum Sitzen. Wenn Marcel hört, dass Vincent schon wieder nicht kann, ist er bestimmt nicht begeistert.

»Ich bin mitten in der Mathestunde«, flüstert er. »Geht jetzt nicht, ich ruf in der Pause zurück!« Dann legt er auf. In ihm brodelt es, sie hätte warten müssen, er kann sich nicht immer nach ihr richten. Hoffentlich geht das nicht ewig so weiter – sie ruft und er soll machen, was sie sagt, weil sie mit dem Baby nicht vom Fleck kommt. Die Rechenaufgabe kann er auch vergessen, hat völlig den Faden verloren, so intensiv er sein Blatt auch anstarrt. Vincent hat nicht die Spur einer Ahnung mehr, worum es darin überhaupt geht. Und jetzt hört er auch noch die Schritte seiner Mathelehrerin Frau Leibbrandt näher kommen, spitze Stiefel mit hohen Absätzen, eine gepflegte ältere Person, die sämtliche Regeln der Schulordnung straff durchzieht, ohne jemals eine spezielle Situation abzuwägen oder auf einen Menschen in seiner ganz eigenen Persönlichkeit Rücksicht zu nehmen. Wenn sie damit erst anfängt, meint Frau Leibbrandt immer, könnten sie gleich alles laufen lassen. Vincent hat bisher nie Probleme mit ihr gehabt; in Mathe kommt er normalerweise zurecht, und er ist auch keiner von der aufsässigen Sorte. Mit den Lehrern über alles zu streiten, ist ihm viel zu anstrengend.

»Wir haben Handyverbot in der Schule, Vincent«, sagt sie. Ohne den Kopf zu heben, sieht er ihre ausgestreckte Hand, die dunkelrot lackierten Fingernägel. »Sie können es sich am letzten Schultag vor den Weihnachtsferien beim Direktor abholen.«

»Am letzten Schultag?« Vincent starrt sie an. »Das sind noch fast sechs Wochen! Das geht nicht, so lange kann ich nicht unerreichbar sein!«

»Das hättest du dir eher überlegen müssen.« Die Leibbrandt nimmt ihm das Mobiltelefon aus der Hand und macht kehrt.

»Mitten im Unterricht, noch dazu in einer Stillarbeitsphase, eine solche Unverschämtheit habe ich selten erlebt.«
Von der Seite beugt sich Sophia zu ihm vor. »Ich habe noch mein altes Handy zu Hause«, raunt sie. »Du musst dir nur ’ne Karte besorgen, dann hast du wenigstens erst mal wieder eins. Das funktioniert noch super, ist halt bloß nicht mehr der letzte Schrei. Keine Kamera und so, aber macht doch nichts.«
Keine Kamera. Das ist es doch gerade. Auf seinem Handy ist Finns Foto drauf, das allererste Bild seines Lebens. So einfach lässt er sich das nicht wegnehmen. Er will es auf dem Computer speichern und ein paar Leuten schicken, die er von früher kennt, Verwandte, ehemalige Schulkameraden. Die werden was zu staunen haben. Und deshalb braucht er das Bild. Braucht sein Handy. Von der Leibbrandt wird er es nicht bekommen, die zitiert ihn gerade zu allem Überfluss an die Tafel, damit er die Aufgabe vorrechnet, weidet sich daran, dass sie ihn aus der Fassung und um die Konzentration gebracht hat. Die Schüler müssen sehen, wer am längeren Hebel sitzt. Vincent reißt sich zusammen, überlegt, der Anfang fällt ihm wieder ein. In der Klasse ist es ganz still, er kommt nicht weiter, findet den Weg nicht. Ruhig bleiben, mahnt er sich im Stillen selbst, die alte Schnepfe kann dir gar nichts, du hast schon ganz anderes durchgestanden. Überleg einfach weiter, egal, wie lange es dauert. Aus dem Augenwinkel bemerkt er, dass Sophia ihm Zeichen mit den Fingern gibt, doch er achtet nicht darauf.
Und dann weiß er es plötzlich wieder, rechnet weiter, verhakt sich zweimal kurz und überprüft, versucht es erneut, dann hat er das Ergebnis und verkündet es.
»Richtig«, sagt Frau Leibbrandt und rückt ihre Brille zurecht. Kein Lächeln, kein Lob, keine versöhnliche Geste. »Sie können sich wieder setzen.«
Aber Vincent bleibt stehen. »Kann ich mein Handy wiederhaben?«

»Nein. Das eine hat mit dem anderen nichts zu tun.«
Sophia meldet sich, redet aber gleich los, ohne dass die Leibbrandt sie dazu aufgefordert hätte.
»Vincent braucht sein Handy«, ereifert sie sich. »Mehr als jeder andere hier. Sie können meins haben. Vincent ist nämlich ...«
»Lass es, Sophia«, unterbricht er sie und schlendert zurück zu seinem Platz, nur nicht zu schnell. »Ich pack das schon.«
Nach der letzten Stunde geht er nicht gleich zu Nina. Erst sucht er das Zimmer des Direktors auf. Frau Sahlmann, die Sekretärin, blickt von ihrem Schreibtisch auf, als er in der Tür steht.
»Ist Herr Körber noch da?«, fragt Vincent, nachdem er sie begrüßt hat. Frau Sahlmann nickt.
»Er muss jeden Moment aus einem Elterngespräch kommen«, antwortet sie.
Vincent nickt und wartet vor der Tür des Schulbüros. Wenig später erscheint der Direktor am anderen Ende des Ganges. Mit seinen sicheren Schritten auf kurzen, stämmigen Beinen kommt er rasch näher, schon von Weitem nimmt er Vincent wahr. Vor zwei Jahren hat er in seiner Klasse Mathematik unterrichtet, bevor Frau Leibbrandt das Fach in dieser Klasse übernahm, und Vincent hat zu den Schülern gehört, die sich die besten Noten durch Faulheit verdarben. Mehrere Tests und Klassenarbeiten hatte er in den Sand gesetzt, weil er zu wenig dafür übte, denn eigentlich liegt ihm Mathe. Jetzt hat Herr Körber Vincent fast erreicht. Mit gerunzelter Stirn bleibt er vor ihm stehen, muss zu seinem Schüler aufschauen wie zu den meisten aus der Oberstufe. Vincent spürt trotzdem sein Herz bis in die Halsschlagader hämmern.
»Ich habe bereits gehört, was in der Stunde bei Frau Leibbrandt los war.« Der Direktor wischt mit einem Stofftaschentuch seine Brille ab. »Falls Sie glauben, Sie bekämen jetzt von mir Ihr Handy zurück, sind Sie bei mir an der falschen ...«

»Ich *muss* es zurückhaben, Herr Körber.« Vincent sieht ihm fest in die Augen. »Ich kann morgen ein anderes Handy in die Schule mitbringen, darum geht es nicht. Jeder hat irgendwo eines herumliegen, das noch funktioniert, und die Karte dazu kostet nicht die Welt. Aber nur auf meinem Handy ist das allererste Foto von meinem Sohn drauf. Nur da. Und darauf kann ich unmöglich sechs Wochen warten.«

Körber hebt die Hand und will schon abwinken, stutzt jedoch plötzlich. Zieht die Augenbrauen zusammen, reckt den Kopf. »Fotos von … wem, sagen Sie da? *Was* ist auf Ihrem Handy?«

»Das erste Bild von meinem Sohn Finn, der vor drei Tagen zur Welt gekommen ist. Seinetwegen muss ich auch erreichbar bleiben, Herr Körber. Ich bin Vater geworden. Das Handy habe ich nicht dabeigehabt, um Frau Leibbrandt zu ärgern, sondern ich bin seit neun Monaten dabei, mein ganzes Leben umzukrempeln. Und als Nächstes will ich meiner Oma das Foto von Finn schicken, als er fünf Minuten alt war.« Er macht eine Pause und lacht leise. »Sie können auch eins haben, wenn Sie wollen. Das ist sowieso schon alles verrückt genug.«

Der Direktor nickt. »Das kann man wohl sagen. Einen Schüler als frisch gebackenen Vater, das habe ich in meinen dreißig Dienstjahren auch noch nicht erlebt.«

»War auch nicht geplant«, meint Vincent und grinst. »Aber es hat auch sein Gutes. Seit meine Freundin schwanger war, bin ich in der Schule besser geworden, weil ich jetzt unbedingt mein Abi schaffen will.«

»Jaja, so was habe ich gehört«, meint Körber, der noch ganz in Gedanken scheint, auch in seinem Kopf, wie bei jedem, die üblichen Fragen nach Verhütung, nach der Möglichkeit eines Abbruchs, gleichzeitig wissend, dass all das keine Rolle mehr spielt, denn dieser Schüler hier ist schon Vater. Und sein Kind scheint ihm wichtig zu sein, so sehr, dass er bereit ist, sich deshalb mit den Lehrern anzulegen. »Herr Lehnmüller sprach kürzlich davon. Na, dann kommen Sie mal.« Er geht voraus in sein Amtszimmer, Vincent folgt ihm, ohne sich hinzusetzen; der Direktor zieht eine Schublade seines unaufgeräumten Schreibtisches auf und reicht ihm das Handy.

»Sie wissen, dass dies eine Ausnahme ist.« Ein wenig streng blickt er Vincent nun doch über den Rand seiner Brillengläser hinweg an. »Hängen Sie es nicht an die große Glocke, Vincent. Kann ich mich darauf verlassen?«

»Klar.« Vincent nickt. »Vielen Dank, Herr Körber.« Er schaltet sein Telefon ein, blättert durch die Galerie, bis er Finns Foto gefunden hat, und reicht es dem Direktor. »Das hier ist er. Dafür lohnt sich doch der ganze Stress, finden Sie nicht?«

Körber hat Schwierigkeiten mit dem Display, muss es weit von sich weghalten, um etwas erkennen zu können. Aber dann betrachtet er Finn lange.

»Doch«, sagt er schließlich. »Natürlich lohnt es sich. Aber vor allem machen Sie Ihren Schulabschluss für sich selbst, Vincent. Nicht für Ihren Sohn. Sie sind noch so jung, man weiß nicht, wohin das Leben Sie noch führen wird. Ob der Kleine überhaupt in Ihrer Nähe aufwächst und alles, ich nehme an, die Mutter ist ebenfalls noch sehr jung.«

Vincent nickt. »Etwas jünger als ich, ja.«

»Sehen Sie.« Körber gibt ihm das Handy zurück. »Ich bewundere Ihre Strebsamkeit und Ihr Verantwortungsbewusstsein. Meist hört man ja nur, dass so junge Väter sich aus dem Staub machen. Nichts von ihrem Kind wissen wollen, sich nicht binden. Sie sind da anders, das imponiert mir. Aber denken Sie auch an sich, bei aller Liebe. Auch Sie haben das ganze Leben noch vor sich.«

»Vielen Dank.« Vincent schiebt sein Handy in die Hosentasche. »Ich will versuchen, dran zu denken. Aber einfach wird das sicher nicht.«

»Wenn es mit dem Abi nicht so klappen sollte … es reißt Ihnen doch niemand den Kopf ab, wenn Sie mal eine Ehrenrunde drehen, oder? Nehmen Sie sich doch die Zeit. Das verlängert Ihre Jugend ein bisschen.«
»Solche Worte von einem Schulleiter?« Vincent lacht leise. »Vielen Dank. Aber ich will versuchen, es gleich zu schaffen. Den Unterhalt für Finn müssen meine Eltern zahlen, das will ich ihnen so schnell wie möglich abnehmen.«
»Verstehe ich.« Körber reicht ihm die Hand. »Aber *über*nehmen Sie sich nicht, junger Mann.«

Kaum hat sich Vincent verabschiedet, ertönt erneut die Ruftonmelodie seines Handys. Dieses Mal ist Marcel am Apparat.
»Scheiße, ich kann heute nicht«, sagt er. »Bianca spielt nicht mit. Ihr Vater hat heute Geburtstag, das hatte ich völlig vergessen. Da soll ich unbedingt kommen und an der Kaffeetafel den Schwiegersohn spielen. Tut mir echt leid. Ein Geschenk muss ich auch noch besorgen.«
Schwiegersohn an der Kaffeetafel, na toll, denkt Vincent und stellt sich vor, was auf ihn noch alles zukommen wird. Vielleicht eine Taufe, Kindergeburtstage mit Luftballons und Topfschlagen, Sommerfeste im Kindergarten, Laternen basteln, der Weihnachtsmann und irgendwann die Einschulung. Lauter Anlässe, von denen seine Eltern immer sagen, die hätten sie mit ihm doch gerade erst hinter sich gebracht. Körber hat recht, er muss sich wirklich ein paar Freiräume schaffen. Das sind alles Dinge, die in seiner Gedankenwelt noch gar keine Rolle spielen. Die zu der Vokabel »später mal« gehört haben. Und jetzt lässt sich Marcel auch schon so einbinden.
»Mach dir nichts draus«, beruhigt er seinen Freund trotzdem. »Mir ist auch was dazwischengekommen.« Und er erzählt ihm von Ninas Anruf.

»Echt, die sind schon zu Hause?« Marcels Stimme klingt überrascht. »Also sehen würde ich euer Baby ja auch gerne. Macht es dir was aus, wenn ich mitkomme? Und Bianca vielleicht auch? In einer halben Stunde könnten wir uns treffen.«
»Klar, kommt mit.« Vincent blickt auf seine Uhr. »Vielleicht will Bianca dann auch eins. In einer halben Stunde bei Nina, schafft ihr das?«

Vincent hört Finn schon von der Straße aus schreien, das Fenster von Ninas und Steffis Wohnzimmer steht auf Kippstellung. Eben noch ist er neben Marcel und Bianca hergegangen, ohne Eile, sein Gang wie immer leicht schlurfend, die Hände in den Taschen seiner Jeans. Im Drogeriemarkt hat er einen Schnuller für Finn gekauft, in der kleinsten Größe, die anderen daneben kamen ihm riesig vor. Nina bringt er eine Flasche Multivitaminsaft mit, beides zusammen baumelt in einer Plastiktüte neben seinen Knien. Bianca hält eine rosa Rose in der Hand, die sie ihr schenken will, aber eigentlich nur, weil man das so macht, wenn im Freundeskreis ein Kind geboren wurde. Noch immer trägt sie es ihr und Vincent nach, dass sie es nach der Geschichte mit Carolin überhaupt so weit haben kommen lassen. Vincent versucht, nicht an Carolin zu denken. Vielleicht weiß sie schon, dass Finn auf der Welt ist. Lieber wäre es ihm, es würde sie nicht interessieren.
»Ist er das?« Marcel ist stehen geblieben und lauscht. »Muss er ja sein, oder? Wahnsinn, da ist einfach ein ganz neuer Mensch in der Wohnung und brüllt, was das Zeug hält. Unglaublich.«
»Hoffentlich hat er nichts Schlimmes.« Vincent beschleunigt seinen Schritt, drückt auf den Klingelknopf neben der Haustür, sie springt auch sofort auf. Er nimmt immer zwei Treppenstufen auf einmal und ist ein gutes Stück vor Bianca und Marcel oben, die Wohnungstür steht offen, natürlich hat Nina ihn erwartet,

und Vincent eilt durch den Flur ins Wohnzimmer. In Strickjacke und Leggings steht sie da und hält Finn auf dem Arm, ihr Gesicht wirkt blass und angespannt. Ohne lange nachzudenken, stellt Vincent seine Tüte und den Schulrucksack ab, streckt die Arme aus und nimmt ihr das Baby ab.

»Als du angerufen hast, hat er doch geschlafen«, erinnert er sie. »Schreit er schon lange?«

»Eine Viertelstunde etwa.« Nina lässt sich in einen Sessel fallen und hängt ihre Füße über die Armlehne. »Du bist dran mit Wickeln. Ich habe das die letzten beiden Tage im Krankenhaus oft genug gemacht.«

»Ist Steffi nicht da?«

»Sie ist noch mal ins Geschäft gefahren. Vor sechs kommt sie bestimmt nicht zurück. Willst du ihn jetzt so lange schmutzig liegen lassen, oder wie?«

»Das nicht.« Vincent schaukelt den Kleinen sanft hin und her, ärgert sich, dass er nicht als Erstes den Schnuller ausgepackt hat. »Aber ich habe sechs Stunden Schule hinter mir und einen Haufen Ärger dazu, das musst du doch auch mal sehen. Wir müssen doch nicht gegeneinander aufrechnen, wer wann mit Wickeln dran ist. Immerhin bist du schon ein paar Stunden hier, und wenn er schreit …«

»Finn ist auch dein Kind«, widerspricht Nina. »Ich hatte ihn jetzt die ganze Zeit.«

Vincent schüttelt den Kopf, geht aber doch hinüber in Ninas Zimmer, wo der Wickeltisch steht. Dabei hat sich Finn schon beinahe beruhigt, quengelt nur noch leise. Dieses Mal stellt sich Vincent schon geschickter an, braucht nur noch halb so lange wie in der Klinik, bis sein Sohn wieder sauber und angezogen ist. Er nimmt ihn erneut auf den Arm und kehrt zu Nina zurück.

»Er war nur nass«, verkündet er. Nina antwortet nicht, denn inzwischen sind auch Bianca und Marcel hereingekommen.

Bianca überreicht ihr die Rose, aber den Glückwunsch zur Geburt spricht nur Marcel aus.
»Zeig doch mal«, sagt er so gedehnt, wie man immer klingt, wenn man etwas ganz Erstaunliches zum ersten Mal sieht. Vincent tritt näher und hält Finn ganz nah vor ihn hin, und Marcel streckt auch gleich seinen Zeigefinger aus und fährt sachte über sein flaumiges Haar.
»Und den hast du gemacht«, flüstert er. »Irre. Der ist ja wirklich total süß.«
»Vincent hat so was schon zweimal gemacht«, wirft Bianca ein. »Carolin …«
»Du hast selber gesagt, sie geht jetzt ganz in ihrem Fußball auf, mehr als je zuvor«, widerspricht Marcel. »Und *sie* hat damals so entschieden. Vergiss das mal nicht.«
Finn spannt seinen winzigen Körper an und beginnt erneut zu schreien. Vincent dreht sich zu Nina um, die noch immer in ihrem Sessel liegt, den Kopf nach hinten gelehnt und die Augen geschlossen.
»Wann hat er zum letzten Mal was bekommen?«
Nina gähnt. »Vor einer Stunde.«
»Vielleicht hat er wieder Hunger.«
»Kann sein. Aber die Säuglingsschwester hat mir heute noch eingeschärft, ihn nur alle drei bis vier Stunden zu stillen.«
»Vier Stunden!« Marcel reißt die Augen auf. »Wenn ich um sieben Uhr frühstücke und um halb zehn ist große Pause, schiebe ich schon wieder Kohldampf. Das sind zweieinhalb Stunden. Überleg doch mal, was für einen winzigen Magen Finn hat. Und dann nur Milch.«
»Und dann nur Milch«, äfft Nina ihn nach. »Ein Steak kann ich ihm wohl kaum braten.«
»Ich hab was für ihn«, verkündet Vincent, nimmt den Schnuller aus der Tüte, reißt die Verpackung auf und will ihn Finn vor-

sichtig in den Mund schieben. Tatsächlich öffnet Finn seine Lippen, sobald der Schnuller sie berührt. Doch jetzt springt Nina auf und hält Vincent zurück.
»Erst auskochen!«, mahnt sie. »Da ist doch das ganze Chemiezeugs aus der Fabrik noch dran.«
Vincent seufzt, legt seine Jacke ab und hängt sie über einen Stuhl am Esstisch.
»Wir werden dann mal«, meint Marcel und streichelt noch einmal über Finns Haare, lächelt Nina an und zwinkert Vincent zu, ehe er einen Arm um Biancas Schulter legt und sich mit ihr zum Gehen wendet. »Das Geschenk besorgen. Wir sehn uns.«
Vincent reicht Nina den Schnuller und schließt hinter den beiden die Tür. Als sie gegangen sind, atmet er tief durch. Gleich Besuch mitzubringen, war vielleicht doch nicht so klug.
»Ich hab jede Menge Hausaufgaben«, sagt er in das Klappern der Töpfe hinein, aus denen Nina nach dem richtigen sucht, um den Schnuller auszukochen. »Kann ich sie hier bei euch machen?«

FÜNFZEHN

In den folgenden Wochen versuchen Vincent und Nina, in eine Art Alltagsrhythmus mit ihrem Baby zu finden. Nach der Schule geht Vincent meist gleich zu Nina, um möglichst viel Zeit mit den beiden zu verbringen, und er kann kaum genug davon bekommen, seinen Sohn anzusehen, ihn zu berühren, im Arm zu halten. Wenn er bei ihm ist, so erscheint es Vincent, fällt alles von ihm ab, was ihn belastet; der Schulstress und das ständige

Hinterherhecheln nach guten Noten, die verbleibende Zeit bis zum Abitur, die er vor seinem inneren Auge zerrinnen sieht wie in einer Sanduhr. Finn ist so klein, so neu, denkt er, als er ihn an einem verregneten Nachmittag Anfang Dezember wieder einmal durch die Wohnung trägt. Seine Füße sind noch keinen Schritt gegangen, sein Mund hat noch nie ein Wort gesprochen, also hat er auch noch nie etwas falsch gemacht. Keinen Menschen verletzt, niemanden beleidigt, keinen Streit vom Zaun gebrochen, noch nie in einer Aufgabe versagt. Alles in Vincents bisherigem Leben, was er heute vielleicht anders machen würde, kann er versuchen, Finn zu ersparen. Wenn er seinen kleinen Sohn bei sich hat, fühlt er sich wie in einer Auszeit, einem Schonraum. Am liebsten liegt er, so wie jetzt, nach der Schule auf Ninas Bett oder auf dem Sofa, Finn auf seinem Bauch und döst ein. Klein und warm liegt der Babykörper auf ihm, Vincent liebt die kleinen, piepsenden Geräusche, die Finn beim Atmen macht, vor zehn Minuten ist er ebenfalls eingeschlafen.

»Bin ich nicht ein Supervater?«, fragt er Nina leise, die an ihm vorbei zum Badezimmer geht, sie will endlich duschen, den ganzen Tag ist sie noch nicht dazu gekommen. »Dass ich so gut mit dem Kleinen zurechtkomme, hätte ich selber nie gedacht.«

»Kunststück«, meint Nina, ohne ihn anzusehen. »Du hast ihn ja auch satt und frisch gewickelt in den Arm gedrückt bekommen. Gib bloß nicht so an.«

»Ist ja gut.« Vincent streicht Finn über den kleinen Kopf und grinst. »Ich weiß ja, dass du heute schon viel für ihn getan hast.«

»Mir fällt hier langsam die Decke auf den Kopf«, fügt sie hinzu. »Wenn ich fertig mit Duschen bin, könnten wir eigentlich mal rausgehen.«

»Raus? Hast du mal aus dem Fenster gesehen?«

»Wir haben doch das Regenverdeck für den Kinderwagen, und

du wirst schon nicht gleich aufweichen. Ich muss hier mal raus, wir können doch in irgendein überdachtes Einkaufszentrum gehen. Am liebsten ins KaDeWe.«

Vincent schweigt. Heute ist seit Langem der erste Nachmittag, an dem er nichts weiter vorhat. Prospekte austragen muss er erst morgen wieder, und dabei ist er jedes Mal drei Stunden der ungemütlichen Kälte ausgesetzt. Oft hilft er Tanja im Getränkeladen aus, als kleinen Ausgleich für den Unterhalt, den sie und Olaf für Finn zahlen. Und an den Wochenenden lernt er meistens für Klausuren oder erledigt die Hausaufgaben, für die mehrere Tage Zeit ist. Das wird er auch am morgigen Samstag wieder tun müssen, in Kunst hat er ein Referat über Keith Haring auszuarbeiten, in Mathe sechs Aufgaben im Buch zu lösen, und dann ist da noch der Roman, den er für Englisch lesen muss. Die Lehrer wissen inzwischen alle, dass Vincent Vater geworden ist und sich, sooft er kann, mit um das Baby kümmert. Aber kein Lehrer kann ihm Aufgaben erlassen, und Vincent will es auch gar nicht. Zu schnell gäbe es dann Neider, die mit blöden Sprüchen gegen ihn hetzen würden. Bei seinen Schulkameraden ist er nicht unbeliebt, aber eben auch nicht so ein Partylöwe wie Marcel, mit dem jeder befreundet sein will. Mal einfach nur abhängen, so wie früher, das konnte er jetzt schon eine ganze Weile nicht mehr, und eben hat er gerade gespürt, dass ihm die Augenlider schwer werden. Streit mit Nina will er jedoch auch nicht. Dazu ist er im Moment viel zu geschafft.

»Na gut, wenn du im Bad fertig bist, meinetwegen«, gibt er nach. »Bis dahin kann ich noch ein bisschen dösen.«

Wenig später hört er das gleichförmige Rauschen der Dusche und wird davon noch müder; Finn schläft friedlich weiter. Schon fast im Halbschlaf denkt Vincent, dass Tanja, wenn sie ihn sehen könnte, bestimmt sagen würde, er solle aufpassen, dass er den Kleinen nicht fallen lässt. Aber da hat Vincent überhaupt keine Sorge, er hält seinen Sohn sicher und fest. Niemals will er ihn fallen lassen, egal, was passiert.

Als sie ihn eine Dreiviertelstunde später im Kinderwagen durch den Regen schieben, sieht er noch immer zufrieden aus, und auch Vincent beginnt den Nachmittag zu genießen. Nina hat sich geschminkt und frische Jeans angezogen, noch passen ihr nicht alle so wie früher, der Bauch ist noch geweitet. Aber in einige kommt sie schon wieder hinein. Den Kinderwagen schiebt Vincent; Nina hat sich bei ihm untergehakt und blickt lächelnd zu ihm auf.

»Steht dir gut, Papa zu sein«, stellt sie fest.

»Es gefällt mir auch«, antwortet er und schlägt seine Kapuze hoch. »Hätte ich gar nicht gedacht.«

Im Kaufhaus ist es warm, Vincent und Nina öffnen die Reißverschlüsse ihrer Jacken und schlagen das Regenverdeck des Kinderwagens zurück. Finn ist wach. Vincent fragt sich, wie viel er schon sieht mit seinen drei Wochen, die er jetzt auf der Welt ist; immerhin scheint er die Lichter über all den bunten Auslagen wahrzunehmen, starrt nach oben, schiebt seine kleine Zunge zwischen den Lippen hervor. Vincent bemerkt die verstohlenen Blicke, mit denen er und Nina ab und zu gestreift werden, die allermeisten Leute jedoch sind mit ihren Einkäufen so beschäftigt, dass sie nichts um sich herum wahrnehmen, wie durch enge Tunnels schieben sie sich durch die Gänge. Es ist voll um diese Zeit, er hätte es wissen müssen, die Gegend rund um den Ku'damm ist immer voll mit Touristen. Ein schulfreier Vormittag wäre für eine solche Aktion geeigneter gewesen. Immer wieder stößt irgendjemand gegen den Kinderwagen, heiß ist es auch, nur Nina scheint es nicht zu bemerken. Sie beugt sich gerade über einen Wühltisch mit heruntergesetzten Schals, sucht nach einem Weihnachtsgeschenk für Steffi. Weihnachtsgeschenke – daran hat Vincent noch gar nicht gedacht. Vielleicht wird er jedem aus der Familie ein Buch schenken, die Buchabteilung ist in der 3. Etage. Schon will er Nina fragen, ob sie noch lange braucht, denn weiter hinten hat er einen Aufzug entdeckt. So kommen sie wenigstens problemlos nach oben, viel einfacher als mit der Rolltreppe. Doch ehe er etwas sagen kann, wird er von hinten an der Schulter angetippt. Sophia steht vor ihm und lacht, neben ihr zwei weitere Mädchen, die er nicht kennt. Im selben Augenblick entdeckt auch Nina ihre beste Freundin. Lachend fallen sie sich in die Arme.

»Die junge Familie im KaDeWe!«, ruft Sophia und beugt sich über den Kinderwagen. »Meine Güte, ist der süß. Aber allzu oft geht ihr mit ihm nicht vor die Tür, oder?«

»Das wird im Sommer bestimmt anders«, prophezeit Nina. »Hast du einen Tipp für mich, was ich meiner Mutter zu Weihnachten schenken kann? Diese Schals hier gefallen mir alle nicht, die sehen aus wie für alte Omas.«

»Ich weiß einen Laden in der Minicity, der hat viel schönere.« Sophia deutet bereits zum Ausgang. »Für Steffi kannst du wirklich nicht solchen Omikram nehmen.«

Nina blickt etwas unentschlossen zwischen ihr und Vincent hin und her, sie sind noch nicht lange in diesem Nobelkaufhaus, und eigentlich hatte sie sich darauf gefreut. Aber auch Sophias Freundinnen streben bereits den Ausgang an. Im selben Moment fängt Finn an zu schreien. Vincent wippt den Wagen am Griff leicht auf und ab in der Hoffnung, er möge wieder einschlafen, aber Finn denkt nicht daran. Wieder ist sein Gesicht in kürzester Zeit rot und heiß, die Mütze rutscht ihm vom Kopf und schiebt sich halb über sein Gesicht, was ihn nur noch wütender zu machen scheint, seine kleinen Arme rudern in der Luft.

»Nee, oder?«, stöhnt Nina, die inzwischen Finns verschiedene Arten zu schreien gedeutet hat; dieses Mal ist es eindeutig Hunger oder zumindest Durst, kein Wunder bei der stickigen, völlig über-

heizten Kaufhausluft. »Wieso denn jetzt schon wieder, Finn? Ich hab dir doch zu Hause erst was gegeben!«
»Er kann nichts dafür.« Vincent schlägt Finns Decke zurück und streichelt seine Wangen, die weichen Haare. »Wir suchen uns irgendwo ein stilles Plätzchen, dann kannst du ihn anlegen.«
»Stilles Plätzchen«, wiederholt Nina und wirft ihm einen gereizten Blick zu. »In dem Rummel hier, du kommst dir wohl witzig vor.«
»Hier gibt es doch ein Café«, erinnert er seine Freundin. »Da setzt du dich hin, und ich bestelle uns etwas zu trinken.«
»Dann gehen wir aber schon mal vor«, überlegt Sophia laut. »Wenn ihr ihn jetzt erst noch füttern müsst, wird es für uns zu spät.«
»Zu spät?« Nina sieht sie verständnislos an. »Es ist doch gerade erst kurz nach sechs!«
»Trotzdem. Nach der Minicity müssen wir noch in den Plattenladen, und Nati muss um halb acht zu Hause sein.« Sie deutet mit dem Kopf auf eine ihrer Begleiterinnen. »Vielleicht beruhigt Finn sich ja schnell, dann könnt ihr nachkommen. Wir haben doch alle das Handy dabei.«
Trotzdem entgeht Vincent nicht Ninas schlechte Laune, als sie tatsächlich einen freien Tisch im Café finden. Er nimmt Nina ihre Jacke ab und hängt sie über den Stuhl, mit seiner eigenen macht er es ebenso, dann hebt er Finn aus dem Wagen und reicht ihn Nina. Endlich setzt auch er sich hin, streckt mit einem gedehnten Seufzer seine Beine aus und greift nach der Getränkekarte. Sein Geld reicht nur noch für eine kleine Cola, die sie sich teilen müssen, er rechnet aus, dass er selbst dafür eine halbe Stunde lang Prospekte austragen muss. Für das Geld hätte er lieber etwas für Finn gekauft, die Windeln kosten auch jedes Mal eine Summe, die wehtut. Doch ohne etwas zu verzehren, dürfen sie bestimmt nicht hierbleiben.

Keiner von beiden sagt ein Wort, während sie warten, bis Finn satt ist, dafür hört Vincent, wie am Nebentisch getuschelt wird. Zwei teuer gekleidete ältere Damen stecken ihre Köpfe zusammen und sehen immer wieder zu ihnen hin, die eine riecht bis zu Vincent und Nina nach herbem Kölnisch Wasser. Jetzt richtet sie sich auf und sieht mit ihren violett geschminkten Augen herüber.
»Das ist aber nicht sehr schön, hier in der Öffentlichkeit die Brust auszupacken«, keift sie los. »Kein bisschen Anstand. Das hätten wir früher nicht gewagt, aber was will man erwarten, wenn heutzutage schon Backfische Kinder kriegen?«
»Was geht Sie das denn an?«, giftet Nina zurück. »Kümmern Sie sich gefälligst um Ihre eigene Beerdigung.«
»Nina«, raunt Vincent und schiebt das Colaglas näher zu ihr heran. »Das bringt doch nichts, komm, trink noch einen Schluck, und dann hauen wir ab.«
»Wenn du deinem Kind auch solche Unverschämtheiten beibringst, kann nicht viel aus ihm werden«, meint die Dame. »Armes Deutschland.«
»Komm«, sagt Vincent noch einmal und steht schon auf, will Nina hochziehen, aber Finn ist noch nicht fertig und beginnt erneut zu schreien, als sie ihren Finger statt der Brustwarze in seinen Mund schiebt.
»Genau, armes Deutschland«, bekräftigt sie. »Kein Wunder, dass immer weniger Babys geboren werden. Solange es solche kinderfeindlichen Schnepfen gibt wie Sie …«
»Ich bin nicht kinderfeindlich«, entrüstet sich die Tischnachbarin. »Ich habe nur etwas gegen Striptease am Kaffeetisch. Werdet erwachsen, heiratet, dann könnt ihr auch über Kinder nachdenken.«
»Ich muss hier weg.« Nina steht ebenfalls auf und reicht Vincent den Kleinen, um ihre Kleider wieder zu ordnen. Finn quengelt noch immer. Vincent hebt ihn hoch und schnüffelt.

»Voller Erfolg«, verkündet er und blickt in den Korb über den Rädern des Kinderwagens. »Mist, wir haben die Wickeltasche vergessen.«
»*Du* hast sie vergessen«, kontert Nina. »Während ich geduscht habe, hättest du sie wirklich einpacken können, statt bloß auf dem Sofa herumzuliegen.«
»Komm wenigstens erst mal weg hier«, sagt er leise und bugsiert den Kinderwagen mit einer Hand zwischen den Tischen durch. Auf dem anderen Arm hält er Finn. »Sonst haben die bloß noch mehr Gründe herumzusülzen.«
Kurz darauf stehen sie auf der Straße. Nina setzt Finn die Mütze wieder auf und bindet sie unter seinem Kinn zu, es ist nicht einfach, weil er immer noch weint und mit Armen und Beinen rudert. Alle beide sind verschwitzt und genervt, als sie endlich wieder auf der Straße stehen.
»Dann müssen wir wohl zurück«, meint Nina und ihre Stimme zittert leicht. »Toller Ausflug. Jetzt kann ich das Bummeln mit Sophia komplett abschreiben.«
»Wenn du willst, geh ruhig noch hinterher«, schlägt Vincent vor. Er hält Finn noch immer auf dem Arm und deckt ihn, so gut er kann, mit seiner Jacke zu. »Ich fahre mit Finn nach Hause.«
»Zu dir?« In Ninas Gesicht spiegelt sich eine Mischung aus Hoffnung und Skepsis wider. »Da hast du doch gar keine Windeln, Pflegecreme und alles.«
»Mara hat vor ein paar Tagen eine Grundausrüstung besorgt«, korrigiert er. »Gleich nachdem sie Finni zum ersten Mal gesehen hat. Viel ist es nicht, aber für ein oder zwei Abende reicht es auf jeden Fall.« Er drückt seinem Sohn einen Kuss auf die Mütze.
»Ach so.« Nina klingt noch immer etwas unsicher, beginnt mit flatterndem Blick, die Tauentzienstraße entlangzuschauen, sieht die Buden des Weihnachtsmarktes, die Leuchtreklamen der Geschäfte, die vielen Menschen. Sie muss sich fühlen wie eine Tou-

ristin, denkt Vincent; auch in den letzten Wochen der Schwangerschaft ist sie kaum noch unterwegs gewesen.

»Zwei Stunden hält er es bestimmt noch ohne dich aus«, mutmaßt er. »Ich könnte auch bei dir warten, aber mit Steffi alleine … muss nicht unbedingt sein.«

»Wer weiß, ob sie überhaupt da ist«, meint Nina achselzuckend. »Gestern hatte sie nach der Arbeit herzförmige Pupillen und sang ständig vor sich hin, ganz anders als sonst, wo sie meistens bloß noch die Füße hochlegt und fernsieht. Vielleicht hat sie einen neuen Lover und ist noch mit ihm unterwegs.«

»Trotzdem«, beharrt Vincent. »Bei mir zu Hause fühle ich mich einfach wohler, und Mara freut sich bestimmt, wenn sie Finn mal wieder sieht.«

»Um acht bin ich da«, verspricht Nina und küsst ihn auf die Wange. »Danke, Vincent. Ich liebe dich.«

Vincent nickt und geht mit Finn weiter.

Tatsächlich ist Nina pünktlich zurück. Ihre Augen leuchten, als sie aus dem Dunkel des Flurs in Vincents Zimmer tritt, und in ihren Haaren klebt noch der Regen. Zwei große Plastiktüten stellt sie an der Wand neben Vincents Bett ab; insgeheim hofft er, sie möge nicht allzu viel Geld ausgegeben haben. Wenn sie auch keine gemeinsame Kasse haben.

»Das hat mir richtig gutgetan«, sagt sie und schlingt ihre Arme um Vincents Hals. »Ich muss unbedingt öfter mal raus und unter die Leute. Es war total lustig mit Sophia, Nati und Anne. Weißt du, was: Ich stille ab! Dann ist Finn nicht mehr so abhängig von mir, und ich kann ihn leichter mal bei dir lassen, wenn ich etwas unternehmen will.«

»Jetzt schon?« Vincent greift nach ihren Handgelenken und löst sie von sich. »Ist das nicht noch ein bisschen zu früh? Er ist doch erst knapp einen Monat alt, und die Säuglingsschwester hat gesagt, das erste halbe Jahr bräuchte er nur Muttermilch.«

»Ein halbes Jahr!« Nina tippt sich an die Stirn. »So lange soll ich zu Hause angebunden sein? Es ist doch viel besser, wenn Finn auch aus der Flasche trinken kann. Was ist denn, wenn ich mal irgendwo festsitze und nicht vom Fleck komme? Da reicht schon eine Panne mit der U-Bahn oder wenn ich beim Arzt länger warten muss als geplant. Was machst du dann, wenn du ihn gerade hast und er vor Hunger brüllt?«
»In der ersten Zeit muss man sich eben einschränken. Du hast dich doch so auf den Kleinen gefreut, gerade darauf, nicht immer so alleine zu sein, weil doch Steffi so wenig zu Hause ist. Und jetzt zieht es dich auf einmal zu deinen Freundinnen, viel mehr als vorher.«
»Das stimmt nicht. Ausgegangen bin ich immer schon gerne.«
Vincent antwortet nicht gleich. Was sie gesagt hat, stimmt, und es hat gerade zu den Eigenschaften gehört, die er an Nina immer mochte und nach denen er sich zurückgesehnt hatte, als er einmal eine Party absagen musste, weil Carolin zu müde war, um mit ihm hinzugehen. Aber das muss doch nicht alles gleich nach der Entbindung wieder sein. Nina hat Finn doch gewollt.
»Das kommt doch auch alles wieder, Nina. Wenn er etwas größer ist, sind wir doch immer noch jung, du und ich. Die Muttermilch soll Babys doch auch vor Krankheiten schützen, habe ich gehört.«
Nina verdreht die Augen. »Machst du jetzt einen auf Superdaddy, ja? So einer, der alles besser weiß? Mir ist die Decke auf den Kopf gefallen, und daran hat sich durch das Baby nicht viel geändert. Den ganzen Tag schläft er oder ich muss ihn stillen oder wickeln, das war's. Meine Güte, Vincent, du tust ja, als wollte ich Finni am nächsten Baum aussetzen! Dabei will ich nur, dass du ihn auch mal füttern kannst, wenn ich nicht da bin. Wo genau liegt eigentlich das Problem?«
Mara kommt ins Zimmer, ganz leise, sie trägt Finn auf dem

Arm, den sie schon eine ganze Weile herumgetragen hat, weil er zu quengeln begonnen hatte, und reicht ihn Nina.

»Du musst ihn gar nicht gleich abstillen«, sagt sie. »Viele Mütter geben ihren Babys Muttermilch *und* Milch aus der Flasche. Im Krankenhaus haben sie dir das doch bestimmt gezeigt, Nina. Ihr könnt für Finn die sogenannte Anfangsmilch kaufen, die ist der Muttermilch weitgehend angeglichen. Eine Bekannte von mir aus der Uni macht das auch, sonst könnte sie gar nicht weiterstudieren. Aber so klappt es ganz gut. Manchmal hat ihr Freund das Kind oder auch die Großeltern. Ich glaube nicht, dass das dem Baby viel ausmacht.«

»Siehst du«, bekräftigt Nina, setzt sich auf Vincents Bett und schiebt ihren Pullover hoch. Sofort öffnet Finn seine Lippen und sucht nach ihrer Brust.

»Also gut.« Vincent lässt sich neben sie fallen. »Ab und zu kann es ja ganz nützlich sein. Wenn es auch wieder ein Kostenfaktor ist. Die Muttermilch ist dagegen umsonst.«

SECHSZEHN

Die Sachen für Finn kauft Vincent mit Mara ein, gleich am nächsten Samstagvormittag. Reichlich beladen kommen sie nach Hause zu Vincent und legen erst mal alles auf seinen Schreibtisch, die Großpackung Windeln auf sein Bett. Vincent fährt sich mit der Hand übers Gesicht und blickt sich um.

»Jetzt muss ich wohl wirklich mal aufräumen«, meint er. »Es sieht ja immer noch fast so aus wie nach dem Streichen. Meine Güte, das ist schon fast ein Jahr her. Wahnsinn.«

»Du hast auch genug durchgemacht«, bestätigt seine Schwester. »Wenn du willst, können wir wirklich unsere Zimmer tauschen, mit dem größeren hast du es doch einfacher, wenn Finn hier ist. Jetzt spielt es noch keine Rolle, aber in ein paar Monaten wird er krabbeln und Platz zum Spielen brauchen. Dann wird es hier eng.«

Vincent schüttelt den Kopf. »Das kann ich nicht annehmen. Wenn Hendrik da ist, wollt ihr euch doch auch nicht auf den paar Quadratmetern zerquetschen.«

Mara sieht zum Fenster hin, lässt ihren Blick nach draußen schweifen. »Vielleicht ziehen wir zusammen, Hendrik und ich«, sagt sie. »Nicht sofort, aber nächstes Jahr oder so. Wir sind am Überlegen.« Dann dreht sie sich wieder zu Vincent um. »Also, mach dir unseretwegen keine Gedanken. Du bist Vater und hast ein Kind, um das du dich regelmäßig kümmern musst. Es ist nur gerecht, wenn du das größere Zimmer nimmst. Also? Fangen wir an?«

Vincent sieht auf die Uhr. »In einer Stunde muss ich losradeln, du weißt schon, die Prospekte. Danach gerne.«

Gestrichen werden muss Maras Zimmer nicht, das hat sie mit ihrem Freund zusammen erst vor eineinhalb Jahren gemacht. Trotzdem arbeiten sie und Vincent den ganzen Abend, schleppen die Möbel hin und her, sortieren Altkleider und Papier aus, schleppen haufenweise den Müll nach draußen zu den Tonnen. Irgendwann kommt Olaf nach Hause und schraubt mit seinem Sohn Bett und Schrank auseinander, um sie im neuen Zimmer wieder zusammenzubauen. Danach wischt Vincent alles feucht ab, während Mara das Gleiche in ihrem Zimmer tut und immer wieder sagt, wie gut ihr die gelb-grüne Farbkombination gefällt. Vincent hingegen ist froh, wieder zwischen weißen Wänden zu leben. Viel zu stark hat ihn sein grünes Zimmer an Carolin erinnert, jedes Mal, wenn er es betreten hatte, war jener Nachmittag wieder da, an dem sie einfach aufgetaucht war und bestimmt hatte, sein Zimmer zu renovieren, und zwar in diesen Farben, nur weil sie geglaubt hatte, sie würden ihn aus seiner Niedergeschlagenheit reißen, seinem Durchhänger des Babys wegen, das er und sie nicht bekommen hatten. Das nicht mehr werden durfte als ein heller Punkt auf dunklem Papier. Danach war er zu Nina gegangen, bis zu den Haarspitzen angefüllt mit kribbeliger Vorfreude, und vielleicht hatten sie an jenem Abend Finn gezeugt. Jetzt hat er ein Baby, und Carolin ist ihm ferner als der Mars. Er kann nicht mehr in diesem Grün hausen. Gewiss hat er sein Zimmer deshalb all die Monate schleifen lassen.

»Sieht doch ganz gut aus«, meint auch Tanja, die ebenfalls ein wenig mit angepackt hat. »Dein Nachwuchs hat dich ganz schön verändert, mein Sohn, weißt du das?«

»Kann sein.« Vincent zuckt mit den Schultern, während er eine Schranktür ausrichtet.

»Doch, ist so«, bekräftigt seine Mutter. »Sieh bloß zu, dass du dich nicht übernimmst. Mit deiner Süßen als Mutter – da wird nicht viel draus, wenn du mich fragst.«

»Kann sein.«

»Kann sein ist gut. Ihre Mutter ist genauso ein Hallodri, woher soll das Mädchen es auch haben. Lass dich von denen nicht ausnutzen.«

»Mir geht es um Finn. Alles andere ist mir erst mal egal.«

»Läuft nicht so richtig mit euch beiden, wie? Na, geht mich ja nichts an. Ich wollte dir nur sagen, eine von meinen Stammkundinnen hat noch ein Kinderbettchen übrig, das kannst du hier mit reinstellen, wenn du willst. So ein Reisebett, das du auch zusammenklappen kannst, wenn du es nicht brauchst. Dann nimmt es nicht so viel Platz weg.«

»Cool. Was will sie dafür haben?«

»Gar nichts. Ich habe ihr gesagt, dass du nichts hast, woher

denn auch? Eine Flasche Cognac habe ich ihr mitgegeben, so unter der Hand. Kostet im Einkauf ja nicht die Welt. Eine Hand wäscht die andere, wie man so schön sagt.«
»Danke.« Vincent legt den Schraubenzieher hin. »Ich glaube schon, dass wir das gebrauchen können. Dann muss ich nur noch Bettzeug besorgen.«
»Na so weit kommt es noch«, widerspricht Tanja. »Da kann Nina doch mitbringen, was sie zu Hause hat, meinst du nicht? Oder soll er gleich ganz hier einziehen?«
»Quatsch. Aber alles immer hin- und herzuschleppen, ist doch blöd. Ich finde schon was für Finn, und wenn's auf dem nächsten Babyflohmarkt ist.«
»Pass da bloß auf«, mahnt Tanja erneut. »Dass deine Nina dich nicht zu sehr einspannt, meine ich. Sie wollte das Kind unbedingt, und sie ist die Mutter. Was sagt denn Marcel dazu, wenn du bloß noch in der Babywäsche wühlst, statt mit ihm auf die Piste zu gehen?«
»Marcel ist viel cooler drauf als du. Der würde deshalb nie über mich lachen.«
Dennoch wurmt Vincent die Bemerkung seiner Mutter.
Noch am Montag darauf, als er mit dem Fahrrad durch die benachbarte Wohnsiedlung fährt, wo er zweimal in der Woche seine Supermarktprospekte in die Briefkästen wirft, denkt er darüber nach. Wieder regnet es, und eigentlich sollte er sich beeilen, doch obwohl er selbst nicht begreift, warum, genießt er das Gefühl, immer mehr aufgeweicht zu werden und zu spüren, wie die Tropfen in seinen langen Haaren zu Rinnsalen werden und trotz Kapuze in den Kragen seiner roten Goretex-Jacke laufen, er spürt die Gänsehaut auf seinem Rücken, die Kälte an den klammen Fingern, die Feuchtigkeit auf seinem Gesicht, das gleichförmige leise Trommeln auf dem Stoff seiner Jacke. An solchen Tagen erledigt er seinen Schülerjob besonders gern; die Straßen

sind nahezu menschenleer, Vincent ist allein mit sich und der hereinbrechenden trüben Dämmerung, den flackernden Straßenlaternen in den ruhigen Winkeln dieser Gegend, den einladend wirkenden Lichtern hinter den Fenstern der Häuser. Nur selten rollt ein Auto vorbei, der Regen verstärkt das Geräusch der Reifen auf dem Kopfsteinpflaster, hinter den Scheibenwischern ist die Silhouette des Fahrers zu erahnen. Hinter einem Fenster im Erdgeschoss einer modernen Stadtvilla, das bis zum Boden reicht, sieht Vincent Kleinkinderspielzeug auf dem Boden liegen; Teile einer Holzeisenbahn, Stofftiere, einen bunten Gummiball. Im erleuchteten Zimmer darüber ist das Fenster gekippt; peitschende Hip-Hop-Bässe dringen zu ihm nach draußen, vom Zimmer erkennt er nicht viel, aber es scheint ein Junge darin zu wohnen, in seinem Alter vielleicht oder etwas jünger, die obere Hälfte eines Posters von Bushido ist an der Wand zu erkennen, wer weiß, wogegen der Junge rebelliert. Vincent stellt sich vor, er wäre es selbst, der ungestört in seinem Zimmer Musik hören kann, in seiner eigenen Welt leben, in der er noch lange nicht erwachsen werden muss und die einzige Pflicht darin besteht, in der nächsten Klausur keinen Ausfall zu haben. Das kleine Kind unten wäre Finn – nein, das geht nicht, denkt Vincent; so ginge es gar nicht. Mit Finn unter einem Dach leben, mit seinem eigenen kleinen Sohn, und selber ein Teenagerleben führen, als ob nichts sei, das ist ausgeschlossen. Selbst jetzt, wo der Kleine die meiste Zeit bei Nina ist, denkt er immer für ihn mit. Finn ist sein erster Gedanke, wenn er morgens aufwacht, und der letzte, bevor er abends in den Schlaf findet.

Bestimmt fünf Minuten lang hat Vincent vor diesem Haus gestanden, nun biegt eine Limousine um die Straßenecke und setzt den Blinker vor der Auffahrt. Vincent schaudert, so ohne Bewegung kriecht ihm die feuchte Kälte schnell überallhin, seine Sneakers sind durchgeweicht bis auf die Socken, die Jeans

an den Oberschenkeln dunkel vor Nässe. Er wirft den Reklameprospekt in den weißen Briefkasten am Zaun, tritt in die Pedale und setzt seinen Weg fort. Wenn er nach Hause kommt, will er gleich Marcel anrufen. Vielleicht kann er mit ihm irgendwas ausmachen, irgendwas wird schon los sein in der Stadt. Wenn Nina sich das jetzt wieder öfter gönnen will, kann er das auch.
Zu Hause braucht Vincent lange, um sich aufzuwärmen. Nachdem er seine nassen Sachen aufgehängt, heiß geduscht und sich umgezogen hat, fröstelt er immer noch; erst nach einem heißen Schoko-Cappuccino taut er allmählich auf. Angeregt von dem, was er vor dem Zimmer des fremden Jungen gehört hat, schließt er seinen MP3-Spieler an die Stereoanlage an, hört zuerst leise seine Lieblingssongs, dreht jedoch schnell weiter auf, er spürt, wie sich seine Gedanken verflüchtigen und seine Gesichtszüge entspannen, endlich kann er aufhören zu grübeln, während er sich dem fröhlichen Punkrock hingibt. Aus dem Korridor holt er sich Hammer und Nägel und beginnt, seine Pinnwand und ein paar gerahmte Fotos an die Wand zu hängen, Collagen verrückter Schnappschüsse von zurückliegenden Feten, ein neueres Bild von Nina, das erste Foto von Finn, das er inzwischen ausgedruckt hat, ein paar seiner Sprühbilder. Zum Schluss hängt er noch ein Verkehrsschild auf, das er im letzten Sommer an irgendeinem Straßenrand gefunden hat, einen roten Pfeil neben einem weißen auf blauem Untergrund, der vor Gegenverkehr warnt. Gegenverkehr, denkt Vincent; davon hatte ich in letzter Zeit wirklich genug. Es wird Zeit, dass sich das ändert.
Als er fertig ist, bleibt er an seinen Kleiderschrank gelehnt stehen, noch immer mit dem Hammer in der Hand. Verrücktes Zimmer, denkt er und lacht leise vor sich hin; dieses Verkehrsschild, meine Schulsachen, die versoffenen Fotos an der Wand und die Stereoboxen auf dem Regal, und daneben das kleine Reisebett für Finn, das Tanja vor ein paar Tagen angeschleppt hat, das Windel-

paket, sein Bild gleich nach der Geburt, die Pflegecremes und Öltücher, eine Spieluhr, die »Guten Abend, gute Nacht« klimpert, wenn man an der Strippe zieht. Das ist mein Leben, noch ehe ich überhaupt volljährig bin. Wirklich verrückt!

Doch immerhin spürt Vincent, wie seine Laune sich mit jedem neuen Song weiter hebt. Er setzt sich an seinen Schreibtisch und wippt mit den Füßen, zum Ausgehen ist es jetzt zu spät und außerdem Montag, vor ihm liegt noch vom frühen Nachmittag sein Englischbuch aufgeschlagen, die Vokabeln für den Test morgen hat er noch nicht gelernt. Aber am Wochenende müsste was gehen. Vincent hat Lust zu tanzen; wenn er Nina früh genug fragt, können sie vielleicht zusammen in einen Klub gehen, bestimmt rechnet sie nicht damit, dass er ihr so etwas vorschlägt. Bis zum Wochenende sind es noch fünf Tage; wenn es sich bis dahin zeigt, dass Finn die Milchflasche akzeptiert, kann vielleicht Mara einmal auf ihn aufpassen. Es wäre ja nur für ein paar Stunden, und über Nacht wären Vincent und Nina beide hier und hätten dann noch den Sonntag zu dritt. Und wenn sie nicht will, sondern lieber mit dem Kleinen bei sich zu Hause bleibt, kann Vincent genauso gut Marcel fragen. Ohne die Musik leiser zu stellen, schreibt er die Vokabeln samt Übersetzungen auf ein Karoblatt, liest sie noch einmal durch, versucht sie sich einzuprägen. Etwa die Hälfte meint er in seinem Kopf zu haben, als er plötzlich erschrocken zusammenfährt. Sein Vater steht hinter ihm und tippt ihm auf die Schulter, er hat ihn nicht kommen hören.

»Deine Süße will dich sprechen«, sagt er. »Mach doch mal den Krach leiser, ich hatte den ganzen Tag im Taxi schon so viel Trubel um die Ohren, du weißt doch, wie der Verkehr in der Innenstadt ist. Zu Hause will ich meine Ruhe haben.«

Vincent steht auf und schaltet seine Musik ab, beim Telefonieren stört sie sowieso.

»Nina!«, ruft er aus und lächelt. »Ich hab gerade an dich gedacht. Wollte dich fragen, ob ...«
»Ich komme gleich bei dir vorbei«, unterbricht sie ihn. »Dann kannst du mir erzählen, was du willst. Finn muss heute bei dir bleiben, morgen früh kann ich ihn auf keinen Fall mitnehmen.«
Vincent stutzt, im Hintergrund hört er seinen Sohn schreien, zum Glück aber auch Steffis Stimme, sie scheint ihm irgendetwas vorzusingen, ein paar Takte nur, dann bricht sie ab.
»Heute?«, wiederholt er. »Du meinst, über Nacht? Wie soll das gehen, ich muss zur zweiten Stunde in der Schule sein!«
»Und ich muss zum Arzt«, kontert Nina. »Die letzten Male, als ich ihn zur Nachsorge bei Doktor Renner dabeihatte, waren echt anstrengend, weil ich ihn immer wieder hochnehmen musste. Mal will ich mich auch darauf konzentrieren können, was der Arzt sagt. Du bist jetzt also zu Hause?«
»Hör zu, Nina.« Vincent senkt seine Stimme. »Versuche, den Arzttermin auf einen Nachmittag zu verschieben, dann komme ich mit und kümmere mich um Finn, während du im Untersuchungszimmer bist. Ich wollte Renner sowieso noch mal sehen und mich bei ihm bedanken. Er hat mir damals toll geholfen und mir Mut gemacht, als du schwanger warst.«
»Nachmittags ist es total voll, du weißt, wie das dann mit Finn ist. In der Schule wissen längst alle, dass es Finn gibt. Vielleicht bin ich in der zweiten großen Pause schon zurück, dann kannst du immer noch hingehen. Die Lehrer werden schon mal ein Auge zudrücken, meinst du nicht?«
»Kann sein. Aber du weißt, wie wackelig meine Englischnote ist. Und morgen steht ein Vokabeltest an.«
»Schreib ihn nach«, schlägt Nina vor. »Und tu nicht so, als wärst du der Erste, der so was verpasst. Also bis gleich.« Mit diesen Worten legt sie auf. Auch Vincent legt den schnurlosen Hörer hin und seufzt. Wenn er Finn jetzt über Nacht hier hat, in sei-

nem Zimmer, ist es ohnehin fraglich, ob er am Morgen fit genug für die Schule sein wird. Die Umgebung ist ungewohnt für das Baby. Kann sein, dass er viel schreien wird.
Eine gute halbe Stunde später ist Nina da, immerhin hat Vincent in der Zwischenzeit noch seine Vokabeln geschafft. Bis auf zwei, die er immer wieder verwechselt, meint er, sie im Kopf zu haben, wenn auch bestimmt nicht fehlerfrei, was die Rechtschreibung betrifft. Sowie Nina in der Tür steht, nimmt er ihr Finn ab und geht ihr voraus in sein Zimmer, das sie noch gar nicht gesehen hat. Aus dem Wohnzimmer dringen Stimmen und dramatische Musik vom Fernseher; bestimmt sehen Tanja und Olaf einen Krimi.
»Ihr habt getauscht?«, stößt sie auch wirklich erstaunt hervor, streift ihre Jacke ab und sieht sich um. »Wahnsinn, das ist ja super geworden! Viel besser als dein altes Zimmer.«
Vincent nickt und erzählt von der Umräumaktion, führt stolz das Reisebett vor, den Klappmechanismus, die nachgiebigen Seitenteile, an denen Finn sich auf keinen Fall stoßen kann, auch wenn er mal im Schlaf herumrobben sollte.
»Du kannst ihn mit der Decke vom Kinderwagen zudecken«, meint Nina und nickt erneut anerkennend. »Müssen wir gleich noch hochholen.«
Vincent legt Finn auf sein eigenes Bett und zieht ihm die Jacke und seine winzigen weichen Schuhe aus. Der Kleine ist wach, Vincent spricht mit ihm, leise und überdeutlich, mit erhöhter Stimme, lächelt ihn breit an. Finn scheint munter zu sein, Vincent hat sogar den Eindruck, als blicke sein Sohn ihn an, ernst, mit einem Gesichtsausdruck, der beinahe konzentriert und nachdenklich wirkt. Nina geht und kommt wenig später mit der Decke zurück.
»Zeigst du mir noch, wie das mit der Milchflasche geht?«, fragt er, ohne seine Augen von Finn zu wenden. Er hat sich verändert

seit der Geburt; hier, in seinem eigenen Zimmer, erscheint es Vincent noch deutlicher als sonst. Sein kleines Gesicht ist glatter und praller geworden, und seine Nase sieht wirklich aus wie meine, denkt er; aber wenn es doch die von Nina wird, ist sie auf jeden Fall auch schön.

»Gehen wir in die Küche«, stimmt Nina zu. »Du kannst ihn ja in sein neues Bett legen, vielleicht gefällt es ihm darin. Er muss sich ja dran gewöhnen.«

Die Flasche zuzubereiten, ist nicht schwer, das merkt Vincent gleich. Ein wenig ärgert er sich, dass er Nina überhaupt danach gefragt hat; schließlich steht alles auf der Milchpulverpackung.

»Du darfst sie ihm auf keinen Fall zu heiß geben«, erklärt sie dennoch. »Wenn du alles gut durchgemischt hast, halte die Flasche mit dem Sauger nach unten und tropfe ein bisschen was auf deine Hand oder deine Lippen. Es muss sich gut lauwarm anfühlen, dann ist es richtig.«

»Wie oft stillst du ihn nachts?«, fragt er und lauscht nach der Spieluhr, die er für Finn aufgezogen hat. Bisher protestiert er nicht.

Nina stößt einen tiefen Seufzer aus. »Zwei- bis dreimal«, gesteht sie. »Er ist ja noch so klein, manchmal lässt er sich einfach nicht anders beruhigen. Dann noch einmal jede Nacht wickeln, da hat man schon zu tun.«

»Kannst du nicht hierbleiben?«, fragt Vincent leise und streichelt ihren Nacken. »Du kannst doch morgen früh auch von hier aus zum Arzt fahren. Wir wechseln uns ab, versprochen.«

»Nein.« Nina schüttelt so heftig den Kopf, dass ihre Haare fliegen, und tritt einen Schritt zurück. »Seit über vier Wochen gibt es für mich keine richtige Nacht mehr, außer dass ich zwischendurch im Bett liege, statt die ganze Zeit auf den Beinen zu sein. Heute bist du dran, und zwar alleine. Und ich werde schlafen wie eine Göttin.« Bei den letzten Worten schließt sie die Augen

und streckt ihren Körper, ihr Pullover rutscht hoch und legt ihre Taille frei. Vincent denkt, dass er sie gern einmal wieder spüren würde, doch laut Doktor Renner darf Nina frühestens sechs Wochen nach der Entbindung wieder mit ihm schlafen.
»Dann verschwinde ich jetzt«, sagt sie und stellt die noch leere Milchflasche wieder hin. »Du glaubst gar nicht, wie sehr ich mich auf eine ungestörte Nacht freue.«
»Doch«, lenkt Vincent ein. »Klar glaube ich das. Erhol dich gut, es wird schon schiefgehen mit dem Zwerg.«
Dann begleitet er Nina zur Tür, wo sie sich lange umarmen und endlich auch wieder richtig küssen, wie im Frühjahr, als sie noch nichts von Finn wussten. Vincent denkt, dass er es möglichst bald wieder so haben will, ihn und sie als Liebespaar, er schiebt seine Hände unter ihren Pullover und streichelt ihre Brüste, die prall sind wie zwei Grapefruits, bald will er Nina wieder ganz spüren, sobald es geht. Auch sie drückt sich an ihn, presst ihr Becken gegen seines, endlich haben sie einander wieder, sie sind mehr als nur Eltern.
»Bis bald«, flüstert sie und küsst ihn noch einmal.
»Die Spieluhr hat aufgehört«, antwortet er und lauscht in die Richtung, in der sein Zimmer liegt. »Ich muss zu Finni.«
Nina geht, und Vincent eilt zu seinem Sohn zurück, beugt sich über ihn.
»So, kleiner Mann«, sagt er und streckt seine Hand aus, um ihn ganz sachte am Bauch zu kitzeln. »Dann wollen wir mal, wie? Wär doch gelacht, wenn wir die Nacht nicht rumkriegen. Oder was meinst du?«
Er ist so süß, denkt er und kann nicht aufhören, Finn anzulächeln. Zum ersten Mal ist er mit ihm ganz allein. Wieder eine neue Herausforderung. Es macht Spaß, aber ist auch so viel auf einmal.
Und dann sieht er es. Im ersten Moment kann er es nicht glau-

ben, aber es muss so sein. Er beugt sich noch etwas tiefer über Finn, kitzelt ihn noch einmal vorsichtig, nennt seinen Namen, zweimal, dreimal. Es stimmt. Er hat sich nicht getäuscht, jetzt sieht er es ganz genau.
Sein Sohn lacht ihn an, ganz schief und unbeholfen, aber es gibt nicht den geringsten Zweifel. Finn lacht Vincent an. Zum allerersten Mal in seinem Leben.

SIEBZEHN

Vincent erwacht, die Leuchtziffern auf seinem Radiowecker zeigen kurz nach drei Uhr. Es ist schon das dritte Mal in dieser Nacht und auch dazwischen hat er jeweils nur in einen leichten, oberflächlichen Schlaf gefunden. Finn ist unruhig und quakt immer wieder, er scheint zu merken, dass er nicht in seinem gewohnten Bettchen liegt.
Dabei hat Vincent sich noch den ganzen Abend lang, nachdem Nina gegangen war, um ihn gekümmert, hat gehofft, der Kleine würde dann schön müde sein und vielleicht die erste Hälfte der Nacht durchschlafen. Auf Tanjas Rat hin hat er ihn gebadet; Finn ist noch so klein, dass dafür das Waschbecken im Badezimmer ausgereicht hat. Danach hat er ihn frisch gewickelt und ihm seinen dunkelblauen Schlafanzug angezogen, ihn mit der Flasche gefüttert und herumgetragen. Mara und Hendrik waren gekommen und haben ihn bestaunt, jeder aus der Familie wollte ihn einmal halten, und Finn, als hätte er sofort begriffen, welche Wirkung sein erstes, noch völlig unkontrolliertes Lächeln auf seinen Vater gehabt hat, probierte es gleich überall aus. So stand

er den ganzen Abend im Mittelpunkt, bis er schließlich müde wurde, sein Köpfchen wegdrehte, wenn jemand versuchte, mit ihm zu scherzen, und schließlich schrie. Vincent bereitete ihm sein Fläschchen zu, obwohl seine Schwester ihm anbot, dies zu übernehmen, und schon beim Trinken schlief Finn beinahe ein. Als er satt war, legte Vincent seinen Sohn in das kleine Reisebett, das er neben seinem eigenen aufgestellt hatte, gab ihm seinen Schnuller und zog die Spieluhr auf. Ein unbändiger Stolz stieg in ihm auf, als er kurze Zeit später sah, wie sich Finns kleine Fäuste lösten und er bald schon in einen tiefen Schlaf gesunken war. Auch er war ins Bad gegangen, hatte sich die Zähne geputzt und von seinem Bett aus noch eine Weile ganz leise ferngesehen. Dann war auch er eingeschlafen.

Aber kaum zwei Stunden später war Finn zum ersten Mal aufgewacht. Vincent war aufgestanden und hatte ihm aus einem zweiten Fläschchen etwas Tee gegeben, den er vor dem Schlafengehen schon vorbereitet hatte. Um Finn nicht ganz aufzuwecken, hatte er alles im Dunkeln erledigt; tatsächlich ließ der Kleine sich schnell wieder beruhigen und schlief weiter, doch nur für eine halbe Stunde; dann erwachte er erneut und schrie lauter als beim ersten Mal. Vincent hatte ihn gewickelt und gefüttert, ihn im Zimmer herumgetragen, um von den anderen niemanden zu wecken, hat ihn abermals hingelegt, er selbst war nun vollends wach und hoffte, es möge nicht die ganze Nacht so weitergehen. Doch jetzt, beim dritten Mal, denkt er an Nina, die das seit vier Wochen durchmacht, Nacht für Nacht. Er kann es ihr nicht verübeln, dass sie endlich einmal durchschlafen will, allein im Zimmer sein. Nie hätte er gedacht, wie anstrengend es ist, immer wieder aufstehen und sich um das Baby kümmern zu müssen. Die Schule und den Vokabeltest in Englisch kann ich vergessen, denkt er. Vincent spürt jetzt, da ihm die Nachtruhe fehlt, erst richtig, wie dringend er sie gebraucht hätte nach einem siebenstündigen Schultag, dem Nachmittagsjob bei strömendem Regen, den Hausaufgaben und dem langen Abend mit Finn. Vincent ahnt, dass er dies zu seinem Alltag wird zählen müssen. Er kann es nicht Nina allein zumuten, obwohl sie vorläufig noch zu Hause ist, erst nach den Sommerferien ihr zehntes Schuljahr wiederholen wird, um den Realschulabschluss zu bekommen.

Er steht auf und beugt sich über Finns Bett, streichelt ihm über den Kopf, die zarten, weichen Haare, deckt ihn zu, findet in der Halsbeuge des Babys seinen Schnuller und schiebt ihn Finn in den Mund, doch dieses Mal spuckt Finn ihn wieder aus, brüllt wütender. Vincent hebt ihn hoch, erkennt, dass es nicht mehr anders geht. Im Dunkeln geht er abermals mit ihm in die Küche, setzt den Wasserkocher auf, misst die richtige Menge Milchpulver ab, wartet. Die Küchentür hat er geschlossen, weil Finn immer weiterschreit, Vincent schwitzt, warum kocht das Wasser nicht schneller, er flüstert seinem Sohn beruhigende Worte zu, versucht das Lied der Spieluhr zu singen, was ihm nur mäßig gelingt, Vincent singt sonst nie, es erscheint ihm auch mehr wie ein brummiges Krächzen, von dem Finn unbeeindruckt bleibt – er hat einfach nur Hunger. Endlich sprudelt das Wasser im Kocher, Vincent gießt es vorsichtig, damit kein heißer Tropfen versehentlich auf Finns weicher Haut landet, in die Flasche, schüttelt sie, gießt noch einmal nach, schraubt den Sauger auf die Flasche, was nicht einfach ist mit dem schreienden Säugling auf dem Arm. Aber er schafft es. Beinahe geräuschlos öffnet er die Küchentür und beeilt sich, mit Finn zurück in sein Zimmer zu gelangen, schließt dort ebenfalls die Tür, er will nicht am nächsten Morgen von Tanja hören, der Kleine habe sie um den Schlaf gebracht. Wenn Finn öfter hier sein soll, muss er alles im Griff haben, ohne dass die ganze Familie nachts auf den Beinen ist.

Vincent gähnt und setzt sich auf seinen Schreibtischstuhl, prüft die Temperatur der Milch, wie Nina es ihm gezeigt hat, schaukelt Finn auf seinem Schoß, schraubt die Nuckelflasche noch einmal auf, weil der Tropfen auf seiner Hand noch viel zu heiß war, pustet, streichelt Finn. Endlich hat die Milch die richtige Temperatur. Vincent hält die Flasche mit dem Sauger nach unten, klopft sachte dagegen, damit die Luftblasen entweichen können, sonst könnte sein Sohn Blähungen bekommen. Vorsichtig schiebt er Finn den Sauger in den Mund. Sofort beginnt der Kleine zu trinken, saugt zuerst gierig, dann langsamer, ganz gleichmäßig. Vincent hat alles richtig gemacht. Noch einmal gähnt er und beginnt, sich ebenfalls zu entspannen.

Plötzlich zuckt er zusammen und fährt hoch; sofort weiß er, dass er für einen kurzen Moment eingeschlafen sein muss. Auch Finn erschrickt durch die jähe Bewegung und verschluckt sich. Vincent steht mit ihm auf und klopft ihm sachte auf den Rücken, bis der Kleine sich wieder beruhigt hat, gleichzeitig spürt er, dass er friert, nur mit T-Shirt und Boxershorts bekleidet versorgt er Finn. Sein Kreislauf ist in der Schlafsekunde abgesackt, ihm ist ein wenig schwindlig und er ist müde, so müde, möchte nichts als schlafen. Finn jedoch blickt ihn jetzt an, mit ruhigen, geweiteten Augen, er scheint überhaupt nicht mehr müde zu sein. Wenn er ihn jetzt zurück in sein Bettchen legt, wird er bald wieder schreien. Vincent wickelt ihn, inzwischen ist es fast vier Uhr, wenigstens ein paar Stunden möchte er noch schlafen, auch wenn er erst später oder gar nicht zur Schule gehen wird. Finn sieht ihn immer noch an – und lächelt.

»Das ist der falsche Zeitpunkt, mein Süßer«, sagt Vincent leise. »Um diese Zeit müssen kleine Babys schlafen. Morgen ist wieder Action angesagt, nicht jetzt. Draußen ist es noch dunkel!«

Finn gibt ein leises Glucksen von sich und auf einmal weiß Vincent, was er zu tun hat. Er nimmt Finns Decke aus dem Babybett und legt sie auf seines, an die Seite zur Wand, nimmt ein Handtuch aus seinem Kleiderschrank, formt es zu einer Rolle, damit Finn gut abgestützt auf der Seite liegen kann, wie es auch die Säuglingsschwestern in der Entbindungsklinik immer gemacht haben. Dann legt er sich ins Bett und Finn neben sich. »Na?«, flüstert er seinem Sohn zu. »Na, kleiner Mann, wie gefällt dir das? Ist doch gemütlicher, als so alleine zu schlafen, oder?« Finn rudert mit seinen Armen und Beinen. Jetzt könnte ich schlafen, denkt Vincent und wundert sich selbst, dass er auf einmal wieder hellwach ist. Im schwachen Schein der Straßenlaterne, die durch sein Fenster scheint, legt er sich auf die Seite, stützt seinen Kopf auf die Hand und betrachtet seinen Sohn, als sähe er ihn zum ersten Mal. Behutsam legt er seine Hand auf Finns Bauch, den er damit ganz bedecken kann, streichelt seine Füßchen. Unglaublich, dass das alles von mir stammt, denkt er; dieser winzige Mensch, der vor Kurzem nicht mehr war als ein Gedanke, eine Angst, ein beginnendes Leben in Ninas Bauch. Und jetzt liegt er hier und fühlt sich klein und warm an, hat ihn angelacht, braucht Geborgenheit und, so seltsam es Vincent erscheint, er selber fühlt sich auch geborgener durch die Anwesenheit des Babys, ganz sanft und wie aufgeweicht. Die halbe Nacht habe ich mir deinetwegen um die Ohren geschlagen, denkt er; du raubst mir den Schlaf und vielleicht auch bald den letzten Nerv, und doch – nie hätte ich geglaubt, dass ich für einen Menschen so tief empfinden kann wie für dich mit deinen Froschbewegungen und deinen fiependen Babygeräuschen. Ein halber Meter Mensch, du hast noch kein Wort mit mir gesprochen und doch fühle ich mich dir näher als irgendjemandem sonst auf der Welt.

Noch lange liegt Vincent so da, redet leise mit Finn, streichelt instinktiv seinen Bauch, spielt mit seinen winzigen Fingern und Zehen, rückt so dicht an ihn heran, dass er Seite an Seite mit ihm liegt. Die Radioweckeruhr springt auf vier Uhr zwanzig, als er endlich doch seinen Kopf aufs Kissen fallen lässt und spürt, wie seine Augenlider schwerer werden, die Bewegungen langsamer. Finn atmet schon lange gleichmäßig und mit geschlossenen Augen, das Gesicht zu seinem Vater gewandt.

Mit einem Rattern wie von Maschinengewehren, so erscheint es ihm, reißt Tanja die Jalousie hoch. Vincent kneift die Augen zusammen, das plötzliche Tageslicht blendet ihn.

»Spinnst du?«, faucht er sie an. »Ich hab noch gepennt, was soll denn das!«

Mit drei Schritten ist seine Mutter neben ihm, sieht in das leere Babybett, stutzt. Dann entdeckt sie Finn neben ihrem Sohn.

»Hier seid ihr beide!«, ruft sie aus, »na, ihr seid ja lustig, in einem Bett, das könnte euch wohl so passen!«

»Ja.« Vincent sieht Finn an, der sich jetzt in seinem Schlaf nicht stören lässt, ganz im Gegensatz zu heute Nacht. »So passt uns das hervorragend. Und du störst, ich will mich auch noch mal umdrehen.«

»Also, wenn ich das eher gesehen hätte, dass du den Kleinen mit ins Bett nimmst, hätte ich dir aber was erzählt! Wenn das Nina wüsste! Nachher erdrückst du ihn noch im Schlaf, stell dir das Drama nur mal vor! Ich hätte dich wirklich für vernünftiger gehalten.«

»Erdrücken? So ein Blödsinn, das sind Märchen aus dem vorigen Jahrhundert. Wir haben beide wunderbar geschlafen, was, Finni?« Lächelnd streicht er seinem schlafenden Baby über einen Wirbel am Hinterkopf, ein paar seiner flaumigen Härchen stehen nach oben ab. »Und das würden wir gerne auch noch weiter tun, Mama. Du störst, geh wieder raus.«

»Aber nur bis der Zwerg wach wird.« Tanja wendet sich zur Tür. »Irgendwann will Nina ihn ja abholen, denke ich, und du hast

noch Schule. Glaub nicht, dass du seinetwegen drum herumkommst.«
»Dann koch schon mal Wasser für seine Flasche ab«, erwidert Vincent. »Wir kommen gleich.«
Wenig später spannt Finn tatsächlich seinen Körper an und beginnt, ein paar ungnädige Laute auszustoßen; kurz darauf schreit er richtig. Vincent schlägt seine Decke zurück, steht auf und nimmt ihn hoch.
»Jetzt gehen wir erst mal frühstücken, kleiner Mann«, sagt er, »dann bekommst du eine frische Windel und wir ziehen uns an. Und dann, hm? Was machen wir beide, bis die Mama kommt? Fällt dir was ein?«
Er wirft einen Blick durch das Fenster, das Wetter scheint gut zu sein, zumindest regnet es ausnahmsweise einmal nicht. Die Uhr zeigt kurz nach acht, er könnte mit dem Kinderwagen einmal um den Block gehen und sich eine Zeitung holen, vielleicht schläft Finn dabei noch mal ein, bis Nina sich meldet.
Als er in die Küche kommt, reicht ihm seine Mutter schon die fertig zubereitete Milchflasche, Finn trinkt sie gierig leer.
Eine halbe Stunde nachdem auch Vincent gefrühstückt und geduscht hat und angezogen ist, hat er jedoch noch immer nichts von Nina gehört und versucht sie auf dem Handy anzurufen, immer wieder. Auch als er mit Finn einen kleinen Spaziergang macht und als er wieder zurückkommt, erreicht er sie nicht. In der Schule ist die erste große Pause vorbei, der Vokabeltest ist in der vierten Stunde dran. Wenn Vincent ihn nachschreiben muss, bekommt er sicher noch zusätzliche Wörter aufgebrummt.
»Mailbox«, sagt er zu Tanja, die ihn mit Finn auf dem Arm abwartend angesehen hat, während er bestimmt zum zehnten Mal wählte. »Wer weiß, wie lange das dauert beim Arzt.«
»Du meinst, wer weiß, wo sie danach noch überallhin geht«, er-

widert sie. »Und du sitzt hier und schmorst. Ich hab mir so was ja gleich gedacht. Ich kann ihn nicht nehmen, muss gleich runter in den Laden. Da ist es viel zu zugig für ein Baby.«

Vincent hebt die Schultern und streckt die Arme nach seinem Sohn aus. »Sollst du auch gar nicht. Ich nehm ihn jetzt einfach mit«, beschließt er. »Was soll ich hier herumsitzen und auf Nina warten, das bringt doch nichts.«

»Wohin willst du ihn mitnehmen? Ihr wart doch gerade erst draußen?«

»Zur Schule«, meint er und grinst. »Dem Direktor hab ich das sowieso schon lange versprochen.«

Unten im Hausflur legt er Finn in den Kinderwagen und deckt ihn zu, und nach wenigen Hundert Metern schlummert der Kleine wieder ein.

Er schläft noch, als Vincent ihn durch den Haupteingang seines Gymnasiums schiebt. Vor seinem Klassenraum im Parterre wartet er, bis es klingelt. Kurz darauf wird die Tür aufgestoßen und das Stimmengewirr seiner Mitschüler dringt auf den Flur, ein paar Jungen schubsen sich gegenseitig hinaus, wollen zur Toilette, zum Kaffeeautomaten oder sich in einer entlegenen Ecke auf einen schnellen Kuss mit der Freundin treffen. Als sie Vincent erblicken, erstarren sie mitten in der Bewegung und sehen ihn mit offenem Mund an. Hinter ihnen erscheint Sophia.

»Vincent!«, ruft sie, zwängt sich an den Jungs vorbei und eilt auf ihn zu. »Ich dachte, du wärst krank, stattdessen tauchst du hier mit dem Kinderwagen auf!«

»Du hast 'n Baby?«, stößt einer der Jungen hervor.

»Das wisst ihr doch längst«, erwidert Vincent und hebt Finn hoch, der von dem Lärm aufgewacht ist; noch kann er verhindern, dass er richtig schreit. Im Nu ist Vincent von Mitschülern umringt, nicht nur aus seiner Klasse. Von überall her scheinen

sie auf ihn zuzuströmen, auch aus den jüngeren Jahrgängen, vor allem Mädchen. Die Jungs halten etwas mehr Abstand, doch Vincent bemerkt, dass sie nicht weniger neugierig schauen.
»Ist der süß«, hört er mehrere Stimmen sagen. »Wie heißt er denn?«
»Das ist echt dein Sohn?«
»Oooh, so was will ich auch haben!«
»Ist das dein kleiner Bruder?«
»Darf ich ihn mal halten?«
»Wie alt ist er denn?«
»Er heißt Finn und ist knapp fünf Wochen alt«, antwortet Vincent und hält Finn so, dass alle ihn gut sehen können, doch er gibt ihn nicht aus der Hand. »Klar ist das meiner. Hab ich doch gut gemacht, oder?«
Allgemeines Nicken antwortet ihm, irgendjemand streckt seinen Finger aus und versucht, Finn zu streicheln.
»Frag mich bitte vorher«, sagt Vincent. »Du willst auch nicht von jedem angefasst werden, oder?«
Es folgt ein allgemeines Plaudern über Babys, ein Mädchen aus der Parallelklasse erzählt von einem Projekt, in dem Teenager Puppen ausgehändigt bekommen, die wie echte Babys reagieren und um die sie sich genauso intensiv kümmern müssen. Ziel dieser Aufgabe soll es sein, dass die Jugendlichen zuverlässiger verhüten.
»Dafür ist es bei uns zu spät, was, Finn?« entgegnet Vincent und küsst seinen Sohn auf die Wange.
»Ich setz sofort die Pille ab«, meint ein Mädchen, das Vincent nur flüchtig vom Sehen kennt. »Der Kleine ist so süß. Irgendwie schafft man das doch alles. Sieht man ja an dir – du würdest ihn doch um nichts in der Welt hergeben, oder?«
»Um nichts in der Welt«, bestätigt er. »Aber vorher habe ich alle Höhen und Tiefen durchgemacht, die man sich denken kann.

Finn war nicht geplant, und als ich erfahren habe, dass meine Freundin schwanger ist...«

Um Vincent herum ist es still geworden, niemand hat bemerkt, dass es längst wieder zur Stunde geklingelt hat, und auch nicht, dass sich bereits einige Lehrer mit erstaunten Blicken angeschlossen haben. Er weiß gar nicht, wie es kommt, doch auf einmal hört er sich erzählen, noch immer mit Finn auf dem Arm und ohne etwas anderes zu registrieren als den warmen kleinen Körper in seinem Arm und die vielen auf sich gerichteten Augenpaare. Er erzählt alles von Anfang an, von dem Schwangerschaftsabbruch seiner Exfreundin und der gegenseitigen Entfremdung danach, von Nina, die er nie richtig hatte hinter sich lassen können, der Verhütungspanne, von der keiner etwas gemerkt hat, und davon, dass er es nicht ertragen hätte, wenn noch ein Kind von ihm abgetrieben worden wäre. Von seinen Selbstzweifeln, die ihn wochenlang krank gemacht haben, von Ninas immer runder werdendem Bauch und seinem eigenen Entschluss, nun doch für sein Baby zu sorgen, obwohl er zu Hause lange Zeit nichts als Gegenwind bekommen hat. Und er erzählt von Finns Geburt und seinen Gefühlen danach. Dass er sich nie hat vorstellen können, einen anderen Menschen so sehr zu lieben, wie er seinen kleinen Sohn liebt, vom ersten Atemzug an.

»Trotzdem«, sagt er schließlich. »Wenn ich die Zeit zurückdrehen könnte, würde ich lieber noch warten mit dem Kinderkriegen. Setz nicht die Pille ab«, schließt er mit einem eindringlichen Blick in die Augen des Mädchens, das eben davon gesprochen hat. »Warte lieber, bis du deinem Kind wirklich was bieten kannst. Ich muss mich im Moment ganz schön krummlegen für den Zwerg hier und trotzdem hat er es nicht optimal getroffen. Die letzte Nacht haben wir uns so ziemlich um die Ohren geschlagen. Deshalb bin ich auch jetzt erst hier und mit ihm, statt früh um acht und allein.«

»Und seine Mutter?«
»Die hat ihren Abschluss nicht geschafft. Und ob sie es im nächsten Jahr packt, ist fraglich.«
»Aber ihr seid noch zusammen?«
Vincent wiegt den Kopf hin und her. »Schon«, sagt er. »Aber ob man das wirklich so nennen kann … es ist schwierig mit uns, seit der Geburt erst recht. Und Finn ist jetzt schon mal bei ihr, mal bei mir. Mit Nina zusammenziehen will ich jedenfalls nicht.«
»*Was* willst du nicht?« Sophia, die ein paar kleinere Schüler vorgelassen hat, schiebt sich wieder nach vorne. »Du willst nicht mit ihr zusammenziehen, auch später nicht?«
»Nein«, antwortet Vincent, von sich selbst überrascht. In dem Moment, wo er es ausgesprochen hat, ist es ihm erst klar geworden, aber es gibt keinen Zweifel. Es ist nicht das Richtige mit Nina, jetzt vielleicht noch, aber nicht für alle Zeiten.
»Für Finn bin ich bereit, alles zu tun, damit es ihm gut geht. Aber mich jetzt schon so festlegen, mit 17 … auf keinen Fall.«
Sophia bläst Luft aus ihren Backen. »Daran wird Nina zu knabbern haben.«
»Und Finn?«, fragt das Mädchen, das die Pille absetzen wollte. »Der wird ja dann ein Leben lang hin und her geschubst.«
»Ich bin für ihn da«, bekräftigt Vincent. »Mehr kann ich nicht versprechen.«
»Mir haben Sie versprochen, sich in Englisch anzustrengen«, übertönt eine mahnende Stimme das allgemeine Gemurmel, das bei Vincents letzten Worten eingesetzt hat. Vincent blickt auf.
»Herr Lehnmüller!«, ruft er und spürt, dass er errötet. »Klar strenge ich mich an, und die Vokabeln … deshalb bin ich gekommen. Darf ich meinen Sohn ausnahmsweise mit in die Klasse nehmen? Anders ging es heute nicht, die Mutter hat einen wichtigen Arzttermin.«

Der Englischlehrer nickt. »Ausnahmsweise«, sagt er. »Und in Zukunft lassen Sie sich bitte etwas anderes einfallen, wie Ihr Kind betreut wird. So kann das kein Dauerzustand sein.«
Langsam löst sich der Pulk auf, die Schüler verteilen sich in die verschiedenen Räume, nachdenklich, verwirrt, jeder mit einer anderen, durcheinandergebrachten und infrage gestellten Meinung im Kopf. Vincent trottet mit Finn auf dem Arm hinter Lehnmüller her in seine Klasse.
Finn ist aber Dauerzustand, denkt er. Und heute lenkt er die halbe Schule vom Lernen ab. Und das ist für viele auch sicher gut so.

ACHTZEHN

Im Vokabeltest hat er eine Vier plus. Lehnmüller hat seinen Test sofort nachgesehen, damit Vincent mit dem Baby nach Hause gehen kann. Finn hat inzwischen auch Hunger, gewickelt werden muss er auch. Vincent trägt ihn noch immer auf dem Arm, weil er jedes Mal empört zu schreien beginnt, sobald er ihn zurück in den Kinderwagen legen will. Weil er ihn schon so lange trägt, wird er schwer, Vincent überlegt, ob er sich mit ihm irgendwo hinsetzen könnte, in ein Café vielleicht, wie damals mit Nina, ihn allein wird niemand anmotzen, wenn er Finn die Nuckelflasche gibt. Bis nach Hause sind es noch knapp zwanzig Minuten und Finn wird jetzt wirklich ungnädig. Vielleicht haben ihn die vielen Menschen in der Schule aufgeregt, auch wenn sie noch so freundlich zu ihnen waren.
Finn schreit kräftiger, regelmäßiger, es ist eindeutig Hunger. Statt

eines Cafés fällt Vincent ein, dass ganz in der Nähe ein Schnellrestaurant ist, er selber spürt ebenfalls seinen Magen knurren; dort gibt es einen Wickelraum und er kann sich einen Hamburger holen, sobald Finn satt ist und vielleicht wieder schläft. Mit eiligen Schritten steuert er das Restaurant an, der Vokabeltest ist immerhin keine Fünf trotz der langen Nacht mit dem Baby. Da kann sich Vincent ruhig mal etwas gönnen.

Vor allen Kassen stehen lange Schlangen, es ist laut hier drin jetzt um die Mittagszeit, Berufstätige verbringen ihre Pause hier, Mütter, die ihre Kinder von der Schule abgeholt haben, geben große Bestellungen auf, manches wird frisch zubereitet und dauert länger. Vincent späht nach einem freien Tisch, doch alles ist belegt. Durch die vielen Menschen hindurch muss er den Kinderwagen in eine Ecke bugsieren, wo er noch einen einzelnen freien Stuhl entdeckt hat. Dort nickt er einer Mutter mit ihrer Tochter im Kindergartenalter zu, die bereits an dem Tisch sitzen; die Mutter bietet ihm den Stuhl mit einer einladenden Handbewegung an. Vincent ist froh, dass sie trotz ihrer interessierten Blicke keine Fragen stellt. Er fischt den Thermobehälter mit Finns Milchflasche aus dem Netz am Kinderwagen und setzt sich hin, um Finn zu füttern. Der Kleine trinkt unruhig, setzt immer wieder ab, einige Male dreht er den Kopf weg und spuckt den Sauger wieder aus, hustet. Vincent seufzt und nimmt ihn hoch, vielleicht muss er aufstoßen, danach ist wieder Platz in dem kleinen Bauch. Doch als er Finn aufrecht hält, fühlt Vincent plötzlich etwas Nasses auf seiner Schulter.

»Er hat die Milch ausgespuckt«, sagt die Frau am Tisch. »Das passiert schon mal. Hier, wir haben noch eine Papierserviette übrig.«

Vincent bedankt sich, doch die Serviette ist aus billigem Papier hergestellt, sie saugt nichts auf. Finn spuckt noch einen Schwall, es riecht ein wenig säuerlich, ein paar Leute sind aufmerksam geworden und blicken zu ihm hin, Vincent kennt den Ausdruck in einigen der Gesichter schon; mit so einem Winzling geht man nicht in den Burgerschuppen, sagen die Blicke; ein Baby in dem zarten Alter gehört nach Hause zu seiner Mutter, in den Stubenwagen, wo es seine Ruhe hat, dann klappt es auch mit dem Füttern.

»Komm, Finn«, sagt er und schiebt sich seinen Sohn unter die Jacke, sodass er es warm hat, aber alles sehen kann. »Das war keine gute Idee, ich geb's ja zu. Gehen wir nach Hause.«

Die Glastür zur Straße hin wird von einer Mädchengruppe blockiert, die mit Papiertüten voller Burger, Shakes und Pommes nach draußen strebt und wild durcheinanderredet. Eines der Mädchen löst sich einen Schritt von der Gruppe und drückt die Tür auf, um sie den anderen aufzuhalten, sie hat als Einzige nur einen Becher Cola in der Hand.

Vincent erstarrt.

Vor ihm steht Carolin.

Die anderen Mädchen fangen an zu murren, sie solle endlich die Tür freigeben, und auch hinter Vincent schwellen Stimmen zu einem zornigen Rufen an. Vincent merkt nicht, wie er es schafft, doch irgendwie gelangt er nach draußen, drückt Finn ein wenig fester an sich, betätigt die Bremse des Kinderwagens. Carolin ist ihm gefolgt, gibt den anderen Mädchen mit einem Handzeichen zu verstehen, sie mögen schon vorausgehen. Beide atmen durch, als sie endlich an der Luft sind.

»Das ist es also.« Carolin findet ihre Sprache zuerst wieder, aber ihre Stimme bebt ein wenig. »Dein und Ninas Baby. Ein Junge?« Sie deutet auf den blauen Strampelanzug. Vincent nickt. Sein Kopf ist wie leer gefegt, tausend Gedanken jagen durcheinander wie Fledermäuse in Vampirromanen, aber er bringt kein Wort heraus, starrt Carolin nur an. Sie hat sich verändert, trägt ihre dunklen Haare jetzt kurz geschnitten, er denkt, dass auch er viel-

leicht zum Friseur gehen sollte. Ihre Figur ist schmaler geworden, durchtrainiert. Sie haben sich lange nicht gesehen.
»Süß«, sagt sie, aber so richtig sieht sie Finn nicht an, streift ihn nur mit den Augen, bleibt in Vincents Gesicht hängen. »Und … geht's dir gut, euch, meine ich?«
Er nickt, schiebt die Unterlippe ein wenig vor, streichelt Finn unter seiner Jacke über den Rücken. »Ist nicht so einfach, alles«, sagt er. »Und wie geht's dir?«
»Ganz gut.« Carolin lächelt, sie scheint an etwas zu denken, was sie freut, ein heiteres Blitzen huscht durch ihre Augen, ehe sie sie wieder auf ihn richtet. »Du musst dich jetzt nicht mies fühlen, meinetwegen. Es … sticht ein bisschen, dich jetzt so zu sehen, mit dem Baby … ich hab dich so geliebt, Vincent, damals. Es hätte auch unseres sein können, und wir beide hier, mit dem Kinderwagen … tut schon irgendwie weh. Aber für mich war die Entscheidung richtig so, damals.«
»Dein Fußball?«
Carolin nickt. »Ich habe noch mal die Mannschaft gewechselt«, erzählt sie, »und bin außerdem in die deutsche Frauen-Nationalmannschaft U19 aufgestiegen.«
»Hey, super«, antwortet Vincent und spürt, wie er langsam auftaut, die Verkrampfung von ihm weicht. »Da ist dein Vater sicher wahnsinnig stolz, oder?«
Carolin nickt. »Wir haben uns ausgesöhnt, aber so wie früher wird es mit ihm nicht mehr. Er musste einsehen, dass Jungs eben auch eine Rolle in meinem Leben spielen. Und dass eine Sportkarriere trotzdem möglich ist. Ich … hab wieder einen Freund, er heißt Lucas. Wir haben uns über Dajana kennengelernt, die kennst du ja noch.«
Vincent nickt. »Die ist ganz okay.«
»Lucas ist Torwart in der Mannschaft von ihrem Bruder. Ich muss dann los«, sagt Carolin, hebt die Hand zum Gruß und

blickt die Straße hinunter, um nach ihren Freundinnen Ausschau zu halten. Sie sind fast nicht mehr zu sehen, gerade biegt die kleine Gruppe um die Ecke.
»Man sieht sich«, antwortet Vincent.
»Kannst ja mal ins Stadion kommen«, ruft Carolin, schon aus einigen Metern Entfernung. »Den Spielplan der U19 findest du im Internet.«

Vincent ist noch ganz aufgewühlt, als er zu Hause ankommt. Entgegen seiner Erwartung ist Tanja in der Wohnung und auf einem Stuhl in der Küche sitzt Nina, in Schuhen und Jacke, als wäre sie nur kurz hereingeschneit und wolle gleich wieder gehen.
»Na endlich«, ruft sie, steht auf und nimmt ihm Finn aus den Armen, setzt sich wieder hin und legt ihn an die Brust. Den Kinderwagen hat Vincent unten im Treppenhaus abgestellt. »Wo habt ihr denn so lange gesteckt?«
»Wieso kommst du jetzt schon?«, fragt er zurück. »Ich dachte, du wärst länger unterwegs, da hab ich ihn mit zur Schule genommen. Ich konnte heute nicht fehlen. Und Finn muss erst mal gewickelt werden.«
»Wenn er nach dem Stillen was macht, kannst du das gerne übernehmen. Kommst du danach mit zu mir?«
»Weiß nicht. Warte mal kurz, ich bin gleich wieder da.« Er geht in sein Zimmer, schmeißt die Jacke auf sein Bett und zieht seinen Pullover aus, auch das T-Shirt darunter. Alles ist von der Milch durchnässt, die Finn ausgespuckt hat. Sogar in Vincents Haaren klebt etwas davon, er müsste sie waschen; ein kürzerer Schnitt wäre wirklich praktischer, denkt er. Die Luft im Zimmer ist stickig, er reißt das Fenster auf, unten fährt ein alter Lieferwagen vorbei, bunt besprüht, es sieht aus, als wäre das Auto mit Efeu bewachsen. Die Scheibe auf der Fahrerseite wird herunter-

gekurbelt. Marcels Kopf erscheint, er blickt zu Vincent hinauf und gestikuliert wild mit Armen und Händen.

»Komm runter, Vincent, los!«, brüllt er. »Ich hab ’ne Überraschung für dich!«

»Seit wann hast du den Führerschein?«, ruft Vincent zurück. »Leb ich so hinterm Mond, dass ich das nicht mitbekommen habe?«

»Ja, Papi! Aber scheißegal, komm endlich! Unser Wohnwagen wartet! Heute ist endlich mal gutes Wetter, da können wir was machen!«

»Ich hab den Kleinen hier, ich kann noch nicht weg!«

»Warte.« Marcel bleibt in Doppelreihe stehen, setzt den Warnblinker und steigt aus. »Ich komm hoch.«

Gleich darauf steht er in der Tür, strahlend und außer Atem.

»Nina und Finn sind hier«, meint Vincent und deutet mit der Hand zur Küche hin, er spürt, dass er sich jetzt nicht von seinem Sohn trennen will, so schnell, so plötzlich. Er hat alles so gut hinbekommen, sie waren ein gutes Team zu zweit, er und der Kleine. Jetzt kann er ihn doch nicht einfach mit Nina alleine lassen. »Wir wollten bald los.«

»Ich habe das ganze Auto voller Sachen für den Wohnwagen, sogar eine neue Tür vom Schrottplatz. Mit Schlüssel. Die alte können wir aufbrechen und ausbauen.«

»Klingt verlockend. Aber können wir das nicht morgen machen oder am Wochenende?«

»Ich muss den Wagen heute noch leer kriegen. Morgen helfe ich jemandem beim Umzug. Ich muss auch wieder runter, stehe da total verboten.«

»Geh ruhig, Vincent.« Nina ist aus der Küche getreten und steuert an ihm und Marcel vorbei sein Zimmer an, um Finn zu wickeln. »Du kannst ja später nachkommen, Marcel hat doch selbst gesagt, nur bis es dunkel wird.« Der Kleine sieht zufrieden

aus; klar, denkt Vincent, die Muttermilch, Ninas Duft. Das ist ihm vertrauter als der Hamburgerschuppen. So richtig gefällt es ihm nicht.
»Also gut«, sagt er. »Gehen wir. In drei Stunden bin ich da, Nina.«
»Haut ab«, sagt sie. »Ich zieh dann die Tür hinter mir zu. Du kannst auch morgen kommen, wenn ihr länger machen wollt.«

Die letzten Sonnenstrahlen fallen schräg auf den Wohnwagen an den verlassenen Bahngleisen. Marcel steigt zuerst aus, öffnet die Hecktüren seines Autos und nimmt einen Werkzeugkasten raus. Mit einem Stemmeisen bricht er die Tür auf, hebelt sie mit geübten Griffen aus, klopft sich Staub von seinen schwarzen Jeans.
»Hoffentlich gehört der wirklich niemandem mehr«, überlegt Vincent laut.
»Ist abgemeldet«, entgegnet Marcel. »Kannst am Nummernschild nachsehen, wenn du willst. Ich guck lieber rein, wie es da aussieht.«
Das will Vincent auch. Schulter an Schulter mit Marcel späht er ins Innere des Wohnwagens, wo er anfangs noch alles wie durch einen Schleier wahrnimmt, weil er noch immer Finns kleinen Körper an seinem spürt, an der linken Schulter, wo er ihn gerade noch gehalten hat, stundenlang, auch der säuerliche Milchduft hängt noch in seinen Haaren. Auf den ersten Blick sieht der Wohnwagen von innen besser aus als erwartet, doch jetzt treten sie ein, heben die Kissen von den Bänken hoch, überprüfen den Linoleumboden, öffnen die Schränke.
»Alles verschimmelt«, stellt Marcel fest. »Aber das soll uns nicht stören, ich habe genug besseren Kram dabei. Holst du die Klappstühle, die hinten im Auto stehen? Ich schmeiße schon mal alle losen Teile raus und dann feiern wir erst mal.«

Vincent stellt die Stühle auf, dann hilft er Marcel, und eine halbe Stunde später ist der Wohnwagen leer bis auf die eingebauten Schränke, die müssen sie an einem anderen Tag ausbauen. Beiden schmerzt der Rücken, als sie sich hinsetzen. Marcel hat eine Kühlbox zu seinen Füßen stehen und öffnet den Deckel.
»Wenn wir innen fertig sind, bemalen wir ihn«, sagt er, »so wie mein Auto, aber noch toller. Du musst unbedingt wieder so was mit deinem Sonnenorange machen, den Grand Canyon oder so. Glaubst du, du kannst den Grand Canyon malen?«
»Was hast du da drin?«, fragt Vincent zurück, den Grand Canyon zu malen, kann er sich überhaupt noch nicht vorstellen, er denkt an Finn, hoffentlich ist er jetzt nicht ganz durcheinander, wenn er wieder bei Nina ist und im Gitterbett schlafen soll. Es war so gemütlich mit ihm letzte Nacht, er hatte sich seinem Sohn so nah gefühlt. Verstohlen wischt er sich eine Träne aus dem Auge. »Champagner? Du wolltest feiern.«
»So schlimm ohne den Zwerg?«, fragt Marcel und sieht ihn an, er kennt Vincent ganz genau. Vincent nickt.
»Als ob mir ein Bein ausgerissen wurde«, gesteht er. »Dabei habe ich mich die ganze Zeit danach gesehnt, wieder mit dir hier zu sein, wochenlang. Frei. Ohne Weiber, ohne Kind. Wir haben so oft davon gesprochen, und jetzt sitze ich hier und vermisse Finn. So was Verrücktes.«
Marcel nimmt eine Flasche Bier aus der Kühlbox, öffnet sie und reicht sie ihm. Dann lehnt er sich wieder zurück.
»Wenn es wärmer wird, nehmen wir ihn mit«, verspricht er. »Prost.«
»Im Frühjahr gibt es manchmal Tage, da sind schon fast zwanzig Grad.« Vincent nimmt einen tiefen Schluck direkt aus der Flasche. »An einem solchen Abend haben wir ihn gezeugt.«
»Siehst du«, sagt Marcel. »Das sind doch Aussichten. Im Sommer kann er dann hier auf ’ner Wolldecke rumrobben, und

wenn er größer ist, gefällt es ihm bestimmt genauso gut wie uns. Wir werden ihn uns schon erziehen, deinen Sohn.«
»Genau. Finn wird der talentierteste Sprayer der Stadt.«
Sie lachen leise, dann beobachten sie den Sonnenuntergang, einen der frühesten im ganzen Jahr, wenn man nicht auf ihn achtet, ist er kaum wahrzunehmen. In ein paar Tagen ist Weihnachten, sind endlich Ferien. Da kann ich Finn auch oft sehen, denkt Vincent. Und länger schlafen.
Marcel springt von seinem Stuhl auf.
»Aber wenn es dem Zwerg hier gefallen soll, müssen wir vorher noch eine Menge tun«, meint er und schlägt Vincent auf die Schulter. »Los, komm. Die Möbel können wir noch in den Wohnwagen schleppen, ehe es ganz dunkel wird, und die neue Tür muss eingebaut werden. Am Wochenende bringen wir den Sperrmüll weg. Danach fahr ich dich zu deinem Kind, wenn du willst. Packen wir's an!«
Packen wir's an, denkt Vincent. Dieser Satz bestimmt mein ganzes Leben, seitdem Finn auf der Welt ist. Aber für ihn lohnt sich jede Sekunde. Und auch für einen Freund wie Marcel. Und für das Leben überhaupt.
»Okay«, sagt er und steht ebenfalls auf. »Aber nur, wenn du noch mit raufkommst. Dann nehme ich Finn auf den Schoß und mach uns eine Skizze vom Grand Canyon.«